마흔이 넘으면 쉬워질 줄 알았는데

마흔이 넘으면 쉬워질 줄 알았는데

여전히 일이 만만찮은
중장년 직장인의 업무 개선 솔루션 22

이시야마 노부타카,
퍼솔종합연구소 지음

김은선 옮김

"나의 회사원 인생······, 이대로 괜찮을까?"

나는 호세이대학 대학원에서 사회인 학생을 대상으로 강의를 하고 있다. 나의 전문 분야는 '인재 관리', '인재 육성', '월경적 학습'으로, 쉽게 말해 인재와 기업의 이상적 관계를 탐구하는 것이다.

나는 일본계 대형 전기회사에서 사회생활을 시작했다. 인사부에 배치돼 오랫동안 '인재와 기업'에 관한 실무를 처리했다. 현장에서 인사 담당자로 일할 때도, 연구자로 전향해 '근로자'와 '조직'의 문제를 고찰할 때도 내내 머릿속을 떠나지 않는 문제가 있었다.

"어째서 그토록 많은 회사원이 미들 & 시니어기에 '정체감'을 느끼는가?"

이 책에서는 '40~54세의 미들 사원'과 '55~69세의 시니어 사원'을 '미들 & 시니어'로 통칭하기로 한다. 인사 업무를 하다 보면 '**미들 & 시니어의 우울**'을 목격할 때가 많다.

"30대까지만 해도 최고 실적을 올렸는데 어느 순간부터 성과를 내지 못하고 있다……."

"후배가 현재 내 상사가 된 이후 팀에서 겉도는 기분이다."

"'보직 정년'으로 관리직에서 내려오는 순간 의미 없는 잔여 경기를 소화하는 패전 선수가 된 기분이었다……."

독자 여러분 중에서도 마치 자신의 이야기처럼 느껴지는 사람이 있을지 모르겠다. 또는 동기나 선배의 얼굴이 떠오르는 사람도 있을 것이다.

"나의 회사원 인생이 이렇게 흘러갈 리 없어……."

"회사 때문에 모든 게 물거품이 됐다. 도저히 납득할 수 없다."

"사회생활이 다 그렇지, 뭐……. 하지만 이대로 괜찮을까……?"

이 책은 이렇게 생각하는 사람들을 위한 책이다. 어느새 회사원 경력 20년 이상, '**답답함**'과 '**정체감**'을 느끼는 미들 & 시니어가 회사원 인생에 '**재입문**'하는 데 도움이 될 업무기술을 정리했다.

40대 이후의 정체감에는 '이유'가 있다

그런데 20년 이상 경력을 쌓은 베테랑 회사원이 새삼스럽게 '업무기술'을 익혀야 하는 이유는 무엇일까?

어째서 회사생활의 쓴맛 단맛을 맛볼 만큼 맛본 사람이 회사원 인생에 '재입문'해야 할까?

단적으로 말하자면, **현대 미들 & 시니어의 고민에는 구조적 요인이 있기 때문**이다. 즉 이들이 맞닥뜨린 벽의 이면에는 본인의 노력 부족 '이외'의 이유가 있다.

여러분도 "우리 회사의 나이 든 직원은 아무 일도 하지 않는다!"라는 말을 들어본 적이 있을 것이다. 최근에는 일부 언론도 이런 시각을 부추기기도 한다.

그러나 이 같은 상황이 기업 특유의 구조에서 비롯됐다는 사실을 이해하면 조금 다른 광경이 눈에 들어올 것이다. 말로는 표현하기 어려운 답답함을 느끼는 것이 어떤 의미에서는 지극히 '정상'이다. **그 답답함은 '이유 있는 당연한 현상'**이기 때문이다.

이는 나와 같은 연구자에게는 비교적 익숙한 영역이다. 나의 전문 분야인 인적 자원 관리론 등에서도 '전통적 방식의 고용이 제도적인 문제로 이어져 근로자 개개인의 역량을 떨어뜨린다'는 분석을 자주 봐왔다. 이를 바탕으로 "누구나 왕성하게 일할 수 있도록 직장 문화와 제도를 개혁해야 한다!"라는 사뭇 진지한 제언을 하는 것도 연구자의 소임이라고 생각한다. 이러한 접근방식을 부정할 생각은 전혀 없다. 오히려 근본 문제를 해결하려면 조직, 기업, 직장 수준에서 대책을 세워야 한다고도 생각한다.

어째서 성실히 일해온 사람이 벽에 부딪히는 걸까?

하지만 나는 조직과 기업이 아니라 '**일하는 사람**'을 위해 이 책을 **썼다.** 굳이 개인을 대상으로 삼은 이유는 크게 두 가지다.

첫째는 개인적 이유다.

지금까지 "미들 & 시니어는……" 하며 마치 남의 일인 양 이야기했지만, 사실 나 역시 1964년생(집필 시점 현재 53세)으로, 미들 & 시니어기의 한복판을 지나고 있다. 더구나 내가 대학에서 정식으로 교편을 잡은 때는 불과 6년 전으로, '**미들 & 시니어의 우울**'은 **결코 남의 일이 아닌, 그야말로 내 눈앞에 닥친 문제이기도 하다.**

우리 세대가 사회에 진출할 무렵에는 집을 떠나 기숙사에서 생활하는 것이 일반적이었다. 보통 두 사람이 한방을 쓰는데 에어컨이 없어, 무더운 여름이면 좀처럼 잠을 자기가 힘들었다. 스마트폰은커녕 유선전화기도 없어서, 퇴근 후 친구에게 연락하려면 지친 몸을 이끌고 밖으로 나가 공중전화 부스 앞에서 줄을 서야 했다. 잔업도 많았고, 퇴근이 늦으면 온수 공급이 끊겨 한겨울에도 욕조에 받아둔 찬물로 샤워를 하곤 했다.

케케묵은 무용담을 늘어놓을 생각은 결코 없지만, 당시 신입사원들에게는 흔하디흔한 일상이었다.

우리 세대는 조롱 섞인 말로 '버블 입사조(バブル入社組. 1964년~1970년에 태어나 1987년~1992년에 대기업에 대규모로 입사한 사람들을 가리키는 말로, 공급자 우위의 취업시장에서 특별한 노력 없이 수월하게 취직한 사람을 비꼬는 뉘앙스를 내포한다_옮긴이)'라고 불리지만, 그래도 우리는 회사를 위해 몸 바쳐 일했다.

그런데 중년에 접어들어 위아래 세대로부터 "버블 입사조가 자리만 차지하고 있다"라는 눈총을 받기 시작하자 마음이 복잡해졌다. **"평생 최선을 다했는데 어느 날 갑자기 회사가 내 사다리를 걷어찼다!"**라고 생각하는 사람도 적지 않을 것이다.

나는 다행히도 좋은 사람들과 함께 회사생활을 했지만, 그래도 역시나 수많은 좌절을 겪었고 그때마다 '절대 뚫을 수 없는 벽'에 부딪힌 듯한 절망감을 맛봤다.

갑자기 성장이 멈춘 듯한, 무어라 형언하기 어려운 정체감을 나역시 잘 알고 있다. 나에게도 언제든 그런 정체감이 다시 엄습할 수 있다. 즉 이 책은 독자 여러분뿐만 아니라 미래의 나 자신을 위한 것이기도 하다.

회사가 바뀌기만을 기다리는 것은 '시간 낭비'다!

개인적인 이야기가 길었다. 이 책을 '조직'이 아닌 '개인'을 위해 쓰는 또 하나의 이유는 앞서 밝힌 이유보다 현실적이다.

'전통적인 방식의 고용'은 앞으로도 그리 쉽게 사라지지 않을 것 같기 때문이다. 전직 인사 담당자로서의 '감'이기도 하다. '전통적인 방식의 고용'에 종말이 선언된 지 오래됐지만, 과연 언론이 그렇게 호들갑을 떠는 만큼 기업의 고용환경이 달라졌는지는 여전히 의문이다. 그것이 좋은지 나쁜지에 관한 논의와는 별개로, **'미들 & 시니어의 우울'을 초래하는 구조적 요인이 하루아침에 사라질 가능성은 없다.**

과거 내가 몸담았던 곳은 사원 수가 수만에 이르는 이른바 대기업이었다. 이 정도 회사의 인사부에서 일하다 보면 '조직은 결코 쉽게 변하지 않는다'는 사실을 절실히 느끼게 된다. 또 연구자로서 여러 기업을 탐방하는 과정에서도 진작 마침표를 찍었어야 할 전통적인 방식의 고용이 여전히 뿌리 깊게 남아 있음을 확인했다.

물론 그러한 고용 방식에 대한 피로도가 높아지고 있음을 부정하는 것은 아니다. 다만 무엇을 지키고 무엇을 바꿔야 할지 진지하게 고민해야 할 시기가 왔다는 건 분명하다. 그러나 **실제 변화는 5년, 10년, 때로는 20년이라는 긴 세월에 걸쳐 일어난다.**

기억해야 할 것은, '이런 지지부진한 변화 속에서도 여전히 우리의 회사원 인생은 계속된다'는 사실이다. 팔짱을 낀 채 외부 환경이 변화하기만을 기다리다가는 아까운 시간만 허비할 뿐이다.

제도개혁과 같은 원칙을 논하는 것만으로는 정체감을 극복할 수 없다. 개인 차원의 행동이 필요하다.

'일하는 사람'을 위해 이 책을 집필하기로 한 두 번째 이유다.

'열심히 노력하는 것'만으로는 문제를 해결할 수 없는 이유

'미들 & 시니어의 우울'을 벗어나기 위한 '개인 차원의 행동'이라는 말을 듣고 여러분은 무엇을 떠올렸는가?

열심히 노력하는 것? 이른바 **정신론**이다. 우연히 참석한 세미나에서 자극을 받아 의욕을 불태우는 경우가 여기에 해당한다. 경험이 많은 독자라면 잘 알고 있듯이, 의욕에 의존하는 방식의 가장 큰 문제점은 지속성이 없다는 것이다. 쉽게 말해 **'작심삼일'로 끝나기 십상**이다.

그렇다면 연구하는 것은 어떨까? 이는 **업무기술론**으로, 라이프해킹을 통해 단위시간당 생산성을 높여 업무성과를 회복한다는 논리다. 그러나 미들 & 시니어의 정체감은 업무기술 향상과 같은 **겉핥기식 대책만으로 해결할 수 없다.**

그러면 선배에게 배우는 것은 어떨까? 이는 **롤모델론**으로, 성공한 실존 인물을 모방하는 방법이다. 그러나 최근 주목받는 긍정심리학(인간의 부정적 감정보다 긍정적 감정에 초점을 맞춰 연구하는 심리학 분야_옮긴이)에서는 사람은 저마다 다른 재능과 강점을 지니고 있으며 그것을 살리는 것이 중요하다고 강조한다. 자신의 상황과 완벽히 일치하는 롤모델을 찾아낸다면 모를까, 기본적으로 **만인에게 두루 적용되는 케이스는 존재하지 않는다**는 점에서 이 또한 최선의 방법이라고 하기는 어렵다.

요컨대 덮어놓고 노력하고 연구하거나 누군가를 따라 하는 것만으로는 '미들 & 시니어의 우울'을 해소할 수 없다.

그렇다고 해서 그 모두가 부질없다는 뜻은 아니다. 다만 **이러한 행동'만'으로는 문제의 초점을 정조준하기 어렵다**는 것이다. 그러면 어떻게 해야 좋을까?

'4,700명의 실제 일하는 미들 & 시니어'를 분석한 과학

이러한 때 **데이터에 기반한 과학적 접근**이 유용하다.

숲에서 길을 잃었다고 가정해보자. 이때 가장 먼저 할 일은 나침반을 꺼내 숲을 빠져나올 '대강의 방향'을 찾는 것이다. 아무리 미아 신세가 됐다 하더라도 공포에 빠져 무작정 달리거나 우연히 발견한 동물의 뒤를 좇는 것은 제대로 된 해결책이 아니다.

일도 마찬가지다. 입사한 지 20년 이상 흐른 시점에 일종의 '조난'을 당했다면 먼저 **데이터를 바탕으로 '잘 나가는 사람은 무엇을 하고 있는지', '그렇지 않은 사람은 어쩌다 벽에 부딪혔는지'를 대강이라도 파악해야 한다.** 답답한 상황을 견디다 못해 특정 인물의 방식이나 미디어에서 본 극단적인 사례를 무턱대고 따라 하다가는 한순간에 골짜기로 떨어지거나 불필요하게 먼 길을 돌아가게 될지도 모른다. 앞이 보이지 않는 숲을 빠져나와 '나의 길'을 되찾기 위해서는 '대강의 방향'을 잡는 것이 우선이다.

나는 2016년 12월 퍼솔종합연구소와 함께 '미들 & 시니어 사원의 업무방식 및 취업의식에 관한 대규모 조사'라는 제목의 리서치 프로젝트를 진행했다. **일정 규모 이상의 기업에 근무하는 미들 & 시니어 세대 4,732명을 대상으로 설문조사를 실시해 그 데이터를 분석했다**(263~265페이지 참조). 이는 미들 & 시니어만을 대상으로 한 조사로는 역대 최대 규모다. 이 책에는 그 귀중한 데이터로부터 얻은 지혜가 응축돼 있다.

'많이 아는 사람'일수록 성장의 벽에 부딪힌다

"딱히 하는 일 없이 자리만 차지하고 있는 선배라면 우리 회사에도 얼마든지 있는걸요!"

"그동안 수많은 실제 사례를 봐왔기 때문에 데이터 같은 건 필요 없습니다!"

이렇게 생각하는 사람도 있을 것이다. 정체감의 배경에는 '구조적 요인'이 있기 때문에, **여러분 주변에서도 실제 사례가 양산되고 있을 테니 이미 나름의 '지론'이 있을 법도 하다.**

서두에서 던진, "어째서 그토록 많은 회사원이 미들 & 시니어기에 '정체감'을 느끼는가?"라는 질문을 본 순간 입이 근질근질해진 사람도 적지 않을 것이다.

하지만 잘 생각해보자.

"그 사람은 ○○하니까 뒤처진 거야. 저렇게 되지는 말아야지!"

이처럼 그럴싸한 분석을 펼치던 장본인이 40대 중반에 이르러 분석 대상이었던 '그 사람'과 똑같은 벽에 부딪히는 경우가 많다. '미들 & 시니어의 우울'은 특정 사례를 참고하는 것만으로 쉽게 회피하거나 극복할 수 있는 부류의 문제가 아니다.

"일하지 않는다", "자리만 지키고 있다", "정체감에 휩싸여 있다"라는 말 앞에서 더 생각하기를 멈추는 것이 아니라, 그 배경에 있는 요인을 과학적으로 검증해 보편적인 처방전을 도출하는 것은 충분히 의미 있는 일이라고, 우리는 이번 분석 결과를 보고 다시 한번 확신했다.

후회하지 않기 위해 '할 수 있는 일'이 아직 남아 있다!

"회사에 의존하는 시대는 끝났다! 이제 자기 힘으로 앞길을 헤쳐 나가자!"라고 무모한 용기를 불어넣을 생각은 없다. 회사를 떠나 창업하는 것도 하나의 선택지가 될 수 있겠지만 지금 다니는 직장에서 일을 계속하면서도 변화할 수 있는 여지가 아직 충분하다.

그렇다고 해서 안이한 '현상 유지'를 권하려는 것도 아니다. 답답함의 '뿌리'를 뽑아내지 않는 **한 부서 이동을 하든 다른 회사로 옮기든 창업을 하든 심지어 정년을 채우고 퇴직해도 '정체감'은 사라지지 않을 것**이기 때문이다. 역시나 특단의 조치는 필요하다.

끝으로 "이러저러한 업무기술을 구사해 '생산성' 높은 인재가 되자!"라고 선동할 의도도 없다. 생산성은 어디까지나 결과일 뿐 목적이 아니다. 이 책의 목적은 **여러분이 지금 느끼는 정체감을 떨쳐내고 남은 회사생활을 후회 없이 보내기 위한 힌트를 제시하는 것**이다. 또 그러한 처방전은 정년 후에도 여전히 긍정적 효과를 기대할 수 있다는 사실 또한 이번 분석 데이터를 통해 확인했다. '미들 & 시니어의 우울'에서 벗어나기 위한 방법론은 그야말로 **'일생의 자산'**이 될 것이다.

＊ ＊ ＊

인간의 가능성은 무한하다.

사람은 누구나 나이와 상관없이 예상을 훌쩍 뛰어넘는 성장을 할 수 있다. 뻔한 말처럼 들릴지도 모르지만, 현장 실무자로서 실감해왔고 인재 육성 연구자로서 확신하는 부분이다.

여러분의 '첫걸음'에 이 책이 작은 도움이 되길 바란다.

이시야마 노부타카

CONTENTS

CHAPTER 0

미들 & 시니어의 우울

42.5세에 찾아오는 정체감을 '내 탓'으로 돌리지 않는다

'그깟 회사……'라는 감정은 나만의 것일까?

'일이 인생의 전부는 아니니까……'

'딱히 출세하고 싶은 마음도 없다……'

'정년까지 버티는 수밖에……'

날마다 이렇게 곱씹으며 일하는 사람도 많을 것이다.

먼저, 이런 생각까지 부정할 뜻은 결코 없다는 것을 밝혀두고 싶다. 이제는 근로방식의 다양성이 인정되는 시대다. 직업에 대한 개인의 태도 또한 다양성을 띄는 것이 당연하다.

그러나 앞에서 이야기했듯 '그깟 일……', '그깟 회사……'라는 감정 자체가 실은 '구조적 요인'에서 비롯된 것임을 잊지 말기 바란다.

"운이 좋지 않아서 어쩌다 폐색감에 빠졌다"라고 생각할 수도 있지만 사실은 '전통적인 방식의 고용'이라는 강력한 메커니즘으로 인한 필연일 수도 있다. 만약 그렇다면 이 같은 고민과 태도는 '다양성'은커녕 극히 '획일적'으로 재생산되고 있을 가능성이 높다.

"글쎄요……. 저는 '원래' 출세할 생각이 없었어요."
"그렇지 않아요. '어쩌다 보니' 40대에 접어들면서 의욕을 잃었을 뿐이에요."
"아니요. '일이 대수냐'라는 것은 저의 '개인적인 생각'입니다."

물론 그럴 수도 있다. 하지만 만에 하나 당신이 그렇게 '생각하도록 내몰린 것'이라면 조금 억울하지 않은가?

어차피 인생의 대부분을 일에 쏟아야 한다면 그 시간을 최대한 의미 있게 만들고 싶은 것은 비단 나만의 생각은 아닐 것이다.

'미들 & 시니어'를 기다리는 '두 개의 골짜기'

우리 팀이 실시한 대규모 조사는 이 부분을 생각하는 데 좋은 재료가 된다. 그중 재미있는 데이터 하나를 소개하고자 한다.

[도표 0-1]은 40세부터 59세까지의 업무 퍼포먼스를 2세 간격으로 수치화한 것이다.

업무 퍼포먼스가 무엇인지 궁금하겠지만 여기에서는 일단 '얼마나 활약하고 있는가'를 나타내는 지표 정도로 알아두자. 이 그래프를 보면 40대 중반과 50세 전후에 '골짜기'가 나타나는것을 알 수

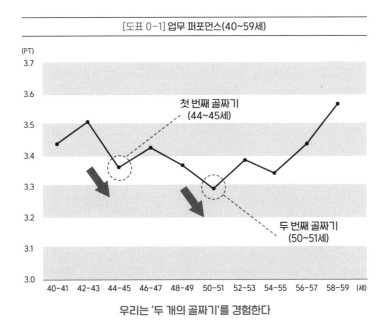

[도표 0-1] 업무 퍼포먼스(40~59세)

첫 번째 골짜기
(44~45세)

두 번째 골짜기
(50~51세)

우리는 '두 개의 골짜기'를 경험한다

출처: 이시야마 노부타카, 퍼솔종합연구소(2017). 미들 & 시니어의 약진 실태조사.

있다. 그전까지는 일정한 수준을 유지하던 퍼포먼스가 40대 중반에 크게 꺾인 후 50세 전후에 '더블딥'에 빠진다.

42.5세부터 '출세를 원치 않는 사람'이 증가한다

이 두 개의 '골짜기'는 일본 기업이 제2차 세계대전 이후 오랜 세월에 걸쳐 구축해온 고용관행, 즉 **'전통적인 일본식 고용'**과 밀접한 관계가 있다. 이것이 '커리어의 터닝 포인트'로 작용하며 **특정 타이밍에 '정체감'을 느끼게 만드는 것**이다.

첫 번째 '골짜기'로 우리를 떠미는 것은 이른바 **'승진의 덫'**이다.

전통적인 고용의 최대 특징은 '신규졸업자 일괄채용'이다. 기업에 취직한 사람은 같은 해에 함께 입사한 '동기'와 출발선에 일렬횡대로 서서 동시에 첫걸음을 뗀다. 이 제도는 "동기보다 열심히 하면 먼저 출세할 수 있을지 모른다"라는 기대를 품게 함으로써 오랫동안 의욕을 유지하게 한다.

그러나 이 시스템은 기껏해야 30대까지 제대로 작용한다. 40대 중반부터는 '허울뿐인 평등'이 무너지며 입사동기 사이에 무시하기 어려운 격차가 발생한다. 이쯤 되면 "나도 열심히 하면 언젠가……"라는 '막연한 기대'에 호소하는 전략은 대다수 회사원에게 더는 효력을 발휘하지 못한다.

회사가 짜놓은 '커리어 향상 시나리오'에 편승하지 못한 사람은 "이럴 리 없다……!"라고 당혹감을 느끼며 의욕을 상실한다.

그 결과가 바로 40대 중반에 나타나는 '첫 번째 골짜기'다.

[도표 0-2]는 '출세 욕구의 변화'를 나타낸 그래프다.

42.5세를 기점으로 '출세를 원하는 사람'과 '출세를 원치 않는 사람'의 비율이 역전한다. 이후 '출세를 원치 않는 사람'의 비율은 증가일로를 보인다.

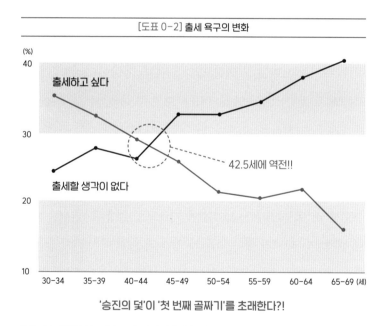

[도표 0-2] 출세 욕구의 변화

'승진의 덫'이 '첫 번째 골짜기'를 초래한다?!

출처: 퍼솔종합연구소(2017). 근로자 1만 명 성장 실태조사.

"이럴 리 없다……!"

이 같은 골짜기를 만들어내는 '승진의 덫'은 과거보다 그 영향력이 더 커졌다. '일렬횡대 문화'가 효력을 발휘하던 시절과 지금의 경제환경은 크게 달라졌고 그로 인해 관리직의 수도 줄어들었다.

모든 사원이 승진을 꿈꾸게 하려면 그에 걸맞은 숫자의 자리가 필요하다. 과거 대다수 기업이 사업을 확장하던 경제성장기에는 비교적 수월하게 자리를 만들어낼 수 있었다. 정식 관리직이 아니어도 '담당과장' 내지 '부하 없는 관리직'과 같은 새로운 형태의 직책을 만들어 승진에 대한 기대에 부응할 수 있었다.

그러나 경제 성장이 둔화함에 따라 이러한 방식도 한계에 부딪혔다. 예전 같으면 진작 과장으로 승진했을 사람이 '만년 대리' 신세를 면치 못하는 경우도 허다하다. 또 인구 동태라는 관점에서도 큰 비중을 차지하는, 이른바 '단카이 주니어 세대'(1971~1974년에 태어난 세대)가 40대 후반을 맞이하고 있는 지금 한정된 숫자의 관리직을 둘러싼 쟁탈전은 유례없이 격렬해지고 있다.

30년 전 버블기(1998~1992년)에 대규모로 채용된 세대는 2018년 현재 48~52세가 됐다. 이들이 청년 시절에 "아마도 이럴 것이다……"라고 꿈꿨던 미래가 무엇 하나 실현되지 않은 탓에, **"이럴 리 없다……!"라는 한탄이 쏟아지고 있는 것** 아닐까?

50대에 찾아오는 '최대의 골짜기'에 대비한다

지금부터 할 수 있는 일 02

'나이'를 기준으로 삼는 불합리한 인사

한편 50세 전후에 찾아오는 '미들 & 시니어 최대의 골짜기'의 원인은 무엇일까? 결론부터 말하자면 **'포스트 오프'**(post off)의 영향을 생각해볼 수 있다. 포스트 오프란 일정 시점(연령)에 보직에서 물러나는 것이다.

많은 대기업이 이를 정식 인사제도로 운영하고 있어, 50세 내지 55세의 특정 연령이 되면 보직에서 물러나 평사원으로 돌아가는 사례를 쉽게 찾아볼 수 있다. 또 명시적 규정은 없지만 관행적으로 50대 중반이 되면 보직을 해제하는 기업도 적지 않다.

이처럼 오로지 '나이'만을 기준으로 하는 인사는 전 세계에서도 보기 드문 일본 특유의 현상이다. 이 책에서는 정식 제도인 이른바 보직 정년과 관행으로 이뤄지는 보직 해제를 '포스트 오프'로 통칭하기로 한다.

임원으로 승진하는 몇몇을 제외한 대다수가 포스트 오프의 대상이 되는데, 여기에는 '후배에게 자리를 양보한다'는 의미 외에도 급여를 낮춰 인건비를 절감하려는 회사 측의 계산도 깔려 있다. 보직에서 물러난 사람은 평사원으로 돌아가기도 하고, 부하 없는 관리직('담당과장' 등)을 부여받거나 관련 회사로 출향되기도 한다.

'출세'라는 '당근'이 효력을 상실하는 순간

그렇다면 어째서 포스트 오프가 미들 & 시니어를 '최대의 골짜기'로 밀어넣는 것일까? 가장 전형적인 이유는 **목표 상실**이다. 기업에서 일하는 사람, 특히 일정 직위에 오른 사람은 더 높은 위치에 도달하는 것을 의욕의 원동력으로 삼는다. **포스트 오프는 '직위 상승'이라는 인센티브가 효력을 상실하는 순간**이다.

첫 번째 '골짜기'를 여차저차 빠져나와 기업이 짜놓은 커리어 향상 시나리오에 올라탄 사람도 바로 이 시점에 희망이 꺾이고 만다.

"지금은 과장이지만 어쩌면 차장이 될 수도……."

"아직 부부장이지만 더 노력하면 부장으로 승진할 수도……."

이 같은 기대를 물거품으로 만드는 것이 포스트 오프다.

이렇게 보면 50대 전후에 찾아오는 포스트 오프가 '최대의 골짜기'를 초래하는 것은 그리 이상한 일도 아니다. 기업의 시나리오대로 '승진'을 목표로 달려왔는데 정년을 맞이하기도 전에 모든 것이 물거품이 돼버렸으니 말이다.

"나는 무엇을 위해 달려왔는가?"

"회사가 느닷없이 내 사다리를 걷어차버렸다!"

이렇게 느끼는 사람도 많다. 포스트 오프를 겪은 사람이 목표를 잃고, 따라서 퍼포먼스가 하락하는 것은 지극히 당연한 일이다.

괴로움의 진짜 원인은 '임금'이 아닌 '자존심'

포스트 오프가 미들 & 시니어의 골짜기를 초래하는 이유는 이 밖에도 많다. 예를 들어 **임금 하락**은 어떨까?

이른바 '성과주의'가 도입된 지 오래됐는데도 대다수 기업이 여전히 '연공(年功)'이라는 요소를 임금에 반영하고 있다. 개인의 업무 내용을 임금에 반영하는 '역할주의'를 도입하는 기업도 늘고 있지만 여전히 급여 상승이나 승진에는 입사연차가 일정 부분 반영되는 것이 현실이다. 극단적으로 말하자면 입사 이후 퍼포먼스에 아무런 변화가 없어도 (심지어 퍼포먼스가 하락해도!) 나이가 들면 저절로 보수가 높아진다는 뜻이다.

포스트 오프로 관리직에서 물러나는 사람은 이때 처음으로 급여 하락 내지 동결을 경험한다.

그런데 정작 포스트 오프 당사자를 괴롭히는 진짜 이유는 이것 아닐까?

"줄곧 내 밑에서 일하던 후배가 직속 상관이 됐다."
"나보다 한참 어린 직원이 나를 관리하게 됐다."

이러한 변화가 자존심에 상처를 내는 이유 또한 신규 졸업자 일괄 채용에서 비롯된 '연공서열' 문화다.

포스트 오프는 나보다 빨리 입사한 선배, 나와 함께 입사한 동기, 나보다 늦게 입사한 후배……라는 단순한 질서가 한순간에 뒤얽혀버리는 일대 사건이다.

‘인내력’만 키우고 있는 나를 자각한다

지금부터
할 수 있는 일
03

‘정년’을 의식하는 순간 자발적으로 움직이지 않게 된다

지금까지 ‘미들 & 시니어의 우울’을 초래하는 ‘승진의 덫’과 ‘포스트 오프의 골짜기’를 살펴봤다. 입사 20년차 이후에 경험하는 정체 모를 폐색감은 결코 ‘우연’이 아니라, 구조적 요인으로 인한 ‘필연’이라는 점을 이해하게 됐을 것이다.

문제는 많은 사람이 ‘우울에서 벗어나는 방향’이 아닌 **가치관을 수정해 ‘현재 상황을 견디는 방향’**으로 선회한다는 것이다.

“일이 인생의 전부는 아니다” “딱히 출세하고 싶은 마음도 없다”라는 생각은 일종의 ‘방어 기전’이다. 그리고 그 배경에는 전통적인 고용 방식의 또 다른 특징인 ‘종신고용’이 있다.

즉 미들 & 시니어의 폐색감에는 '정년퇴직'이라는 기한이 설정돼 있다. **정년까지 남은 기간만 꾹 참고 버티면 그 후에는 유유자적한 생활이 기다리고 있다는** 희망이 있기에 아무리 불만이 커도 쉽게 움직이지 못하는 것이다.

[도표 0-3]은 '커리어의 종결'에 대한 의식의 변화를 나타낸 그래프다.

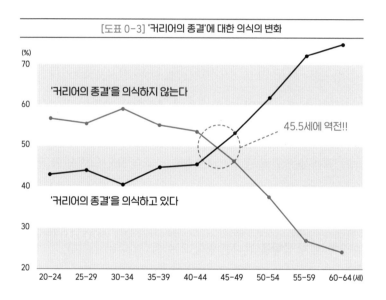

[도표 0-3] '커리어의 종결'에 대한 의식의 변화

'커리어의 종결'을 의식하지 않는다

45.5세에 역전!!

'커리어의 종결'을 의식하고 있다

20-24 25-29 30-34 35-39 40-44 45-49 50-54 55-59 60-64 (세)

"정년까지 버틴다"라는 생각으로 회사생활을 하고 있지 않은가?

출처: 퍼솔종합연구소(2017). 근로자 1만 명 성장 실태조사.

여기서 '종결'이란 '정년퇴직'과 비슷한 의미를 지닌다. 보다시피 40대 전반까지는 '정년을 의식하지 않는 사람'의 비율이 '정년을 의식하는 사람'보다 높지만, 45.5세에 두 비율이 역전하고 시간이 흐를수록 그 차이가 급속도로 벌어진다.

'몇 년만 참으면 된다'는 생각은 더는 통하지 않는다

관련해 또 하나의 흥미로운 데이터를 소개하고자 한다.

최근에는 회사에 소속되지 않고 자유롭게 일하는 프리랜서도 증가하고 있다. 회사원과 프리랜서를 대상으로 각각 '중요하다고 여겨지는 능력'을 비교한 조사에서 회사원은 거의 모든 능력에서 프리랜서에 뒤처지는 것으로 나타났다. 회사원이 더 높은 점수를 받은 능력은 '단 하나'였다. [01] 그것은 과연 무엇일까?

[도표 0-4]를 보면 알 수 있듯이 그것은 **'인내력'**이다.

회사생활을 하다 보면 인생 참 얄궂다는 생각마저 든다. 밤 늦은 퇴근은 당연하고, 내 집을 마련하거나 자녀가 태어나는 등 기쁜 일이 생겼을 때 하필이면 먼 곳으로 발령받아 가족을 떠나야 하는 경우도 생긴다. 업무에 보람을 느낀다 해도 그것이 영구히 지속되리라는 보장은 없다. 언제 어느 때 다른 부서로 이동될지 모른다. 뜻이 맞지 않는 상사의 비위를 맞추는 데는 도가 텄다. 그런데도 나

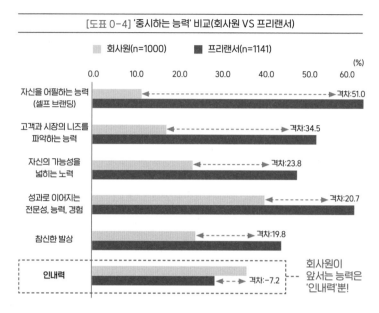

[도표 0-4] '중시하는 능력' 비교(회사원 VS 프리랜서)

회사원(n=1000) 프리랜서(n=1141)

(%)

0.0   10.0   20.0   30.0   40.0   50.0   60.0

자신을 어필하는 능력
(셀프 브랜딩) ... 격차:51.0

고객과 시장의 니즈를
파악하는 능력 ... 격차:34.5

자신의 가능성을
넓히는 노력 ... 격차:23.8

성과로 이어지는
전문성, 능력, 경험 ... 격차:20.7

참신한 발상 ... 격차:19.8

인내력 ... 격차:-7.2

회사원이
앞서는 능력은
'인내력'뿐!

무의식적으로 '견디기'를 선택하고 있지는 않은가?

출처: 일반사단법인 프로패셔널 & 패럴렐커리어, 프리랜스협회(2018). 프리랜스백서 2018.을 바탕으로 저자 작성.

만큼 고생한 적 없는 누군가가 나보다 좋은 평가를 받고 탄탄대로를 걷는다……. 주변에 이런 일이 비일비재하지 않을까 싶다.

하지만 대다수 회사원은 이런 불합리함 속에서도 '견디기'를 선택한다. 그 편이 더 큰 것을 얻을 수 있었기 때문이다. 꾹 참고 견디면 그에 걸맞은 위치로 승진하거나 편한 업무를 배정받거나 거액의 퇴직금을 받는 등 보상이 주어졌다. 그래서 버틸 수 있었다.

그러나 시대가 달라졌다. '정년'만 해도 지금까지와는 양상이 크게 달라졌다. 일본에서는 2021년부터 국가공무원의 정년이 연장될 방침인데, 이 같은 추세는 향후 민간기업으로도 급속히 확산될 전망이다.

또 이제는 익숙한 '100세 인생'이라는 말처럼 정년퇴직 후에도 20년, 30년, 어쩌면 그 이상의 여생이 기다리고 있다. 생계를 위해 정년 후에도 일을 계속해야 하는 사람의 비율이 크게 증가할 것이라는 뜻이다.

이런 의미에서 **'미들 & 시니어의 우울'은 더는 '기간 한정'이 아니다.** "60세까지만 버티면 된다" "정년 후에는 일할 필요 없이 유유자적한 생활을 할 수 있다"는 이제 옛말이 됐다.

지금 다시 시작하면 이점이 더더욱 커진다!

"이대로 안주하면 회사로부터 버림받을 것이다!"라고 으름장을 놓으려는 것이 아니다. 위기감을 조성해 이직이나 창업을 부추길 생각도 없다.

미들 & 시니어기의 '적절한 새 출발'은 남은 회사생활은 물론 정년 후 생활을 충실히 꾸려나가는 데에도 매우 긍정적인 효과를 낸다는 사실을 강조하고 싶다. 다시 말하지만 이는 '업무방식을 바꿔 생산성을 높여야 한다'거나 '더 좋은 실적을 내야 한다'는 뜻이 아니다. 높은 생산성과 실적은 행복의 한 요소일지는 몰라도 결코 그 자체가 목적이 될 수는 없다. 생산성과 업무성적의 향상은 어디까 지나 기업, 즉 '일을 시키는 측'의 평가 지표다.

그렇다고는 해도 직원의 활약을 바라는 회사의 입장을 헤아려서 손해 볼 일은 없다. 다양한 지식과 경험을 축적한 여러분은 기업에 있어 '경쟁우위의 원천'이다. 많은 기업이 미들 & 시니어 사원의 활약을 기대하지만 이를 실현할 구체적인 방법을 알지 못해 고민 한다.

더구나 지금은 인력 부족의 시대다. 퍼솔종합연구소가 주오대학 과 함께 진행한 연구에 따르면 일본의 경우 **2030년이면 644만 명 의 일손이 부족할 것**으로 추정된다. [02] 이러한 상황에서 기업은 신 규 인력 채용뿐 아니라 **'기존 인재'를 어떻게 활용할지** 진지하게 고 민하지 않을 수 없다. 이때 미들 & 시니어 사원의 활약은 매우 효 율적인 선택지 가운데 하나다. 이렇듯 고용 환경의 변화는 우리가 새로운 첫걸음을 내디딜 때 강력한 순풍이 돼줄 것이다.

잠시 멈춰 서서
'나만의 지도'를 만든다

회사의 시스템이 '커리어 미아'를 낳는다

오랫동안 일하다 보면 필연적으로 '골짜기'에 빠지게 돼 있다고는 하지만, 주위를 둘러보면 눈부신 성과를 거두며 순조롭게 출세의 단계를 밟거나 이직 또는 창업에 성공하는 사람도 있다.

'미들 & 시니어의 우울'에 빠지지 않고 활약하는 사람에게는 어떤 특징이 있을까?

어째서 같은 회사에 다니면서도 '커리어 미아'가 되는 사람과 그렇지 않은 사람이 존재하는 걸까?

결론부터 말하자면 '미아'가 되는 요인은 다음 두 가지다.

1 애당초 '길'을 잘 모른다

2 '스스로 달리는 힘'을 잃어버렸다

과거 회사는 우리를 컨베이어벨트에 실어 날랐다. 길을 잘 몰라도, 스스로 달리지 않아도 '정년퇴직'이라는 종착지를 향해 인재를 자동으로 '운반'하는 시스템이 존재했다.

그만큼 '전통적인 고용'은 훌륭한 시스템이었다.

그러나 이는 동시에 **일하는 사람으로부터 '앞을 내다보는 능력'과 '스스로 달리는 힘'을 빼앗는 시스템**이기도 하다. 이 시스템 안에 있으면 우리는 점점 스스로 움직이는 능력을 잃게 된다.

'엄청난 격차'의 출발점은 '미미한 차이'

분명히 말하지만, 혹시 지금 회사생활에서 정체감을 느끼고 있다 하더라도 '나의 노력이 부족했다'거나 '내가 해온 일들이 잘못됐다'는 생각은 당장 접어도 좋다. 물론 자신의 발전을 위해 '더욱 노력하고 싶다'거나 '완전히 다른 일을 해보고 싶다'고 생각한다면 그것은 개인의 자유다.

우리는 이번 조사를 통해 다시 한번 확신했다. 미들 & 시니어가 벽에 부딪히는 것은 결코 무언가를 잘못했기 때문이 아니다. 그러므로 "지금까지 열심히 달려왔는데 어째서 궁지에 몰려야 하나!"

하는 분한 마음을 굳이 억누르지 않아도 된다.

포기와는 다르다. **'활약'과 '조난' 사이에는 '극히 미미한 차이'가 존재할 뿐**이기 때문이다. 힘을 쏟는 포인트를 아주 살짝 옮기는 것만으로도 온산을 뒤덮은 안개가 일순간에 걷히듯 시야가 환하게 트일 것이다.

'막연한 기대'는 어긋나기 마련이다

그렇다면 '애당초 길을 잘 모르는 사람'과 '스스로 달리는 능력을 잃어버린 사람'은 그 상태에서 벗어나기 위해 무엇을 해야 할까?

먼저 '길을 모르는 경우'를 살펴보자.

지금까지는 '시대환경'이라는 순풍을 받아 회사 시스템이 일하는 사람을 운반했다고 이야기했다. 입사 후 정년까지 몇 갈래의 갈림길이 있기는 하지만 그것은 무척 알기 쉬운 길이었다.

선배들의 뒷모습을 지켜본 우리는 "나도 언젠가 저렇게 되겠지"라는 '막연한 기대'를 품었다. 그리고 그러한 기대야말로 기업이 일하는 사람을 움직이게 하는 원동력이었다.

그러나 시대가 바뀌어 '선례'는 의미를 잃어버렸다. 경영환경이 격변함에 따라 전례 없는 인사와 지금까지와는 다른 커리어 패스(career path)를 심심치 않게 보게 됐다.

때문에 "이럴 리 없다!"는 탄식이 나올 수밖에 없다. 앞에서 살펴본 두 개의 '골짜기'가 바로 이러한 탄식이 터져나오는 지점이다.

30대에 "저런 사람도 승진하는데, 나도 40대에는 과장 정도는 돼 있겠지"라고 기대했던 사람은 그것이 얼마나 안이한 생각이었는지 깨닫는 순간 탄식을 내뱉게 된다.

또 40대에 관리직으로 승진해 "우리 회사는 포스트 오프 제도가 없으니 정년까지 일정 수준의 급여를 보장받겠지"라고 믿었던 사람은 50대에 보직 해제를 당하는 순간 역시 한탄하게 된다.

"설마 그렇게 안이하게 생각하는 사람이 있을까?" 하는 의구심이 들지 모르지만, **놀랄 만큼 많은 사람이 '나는 괜찮을 것'이라는 착각에 빠져 있다**(255페이지).

'생각했던 것과 다르다!'고 느낄 때 가장 크게 의욕이 하락한다

"일하는 사람에게 잔뜩 기대하게 해놓고는 이를 저버리는 기업이 잘못됐다!"라고 말하려는 의도가 아니다. 옳은지 그른지는 일단 접어두고, 기업에 이러한 측면이 있는 것이 현실이라면 개개인은 어떻게 대처해야 할지를 생각해보고자 한다.

이쯤에서 **'리얼리스틱 커리어 프리뷰'**(Realistic Career Preview)라는 개념을 제안하고자 한다. 이는 우리 조사팀이 진행한 프로젝트를 통해 독자적으로 도출한 새로운 처방전이다. 이하에서는 머리글자를 따 RCP라고 부르기로 한다.

이 개념의 밑바탕에는 산업심리학자 존 와나스(John p. Wanous)가 제창한 '리얼리스틱 잡 프리뷰'(Realistic Job Preview, RJP)라는 개념이 있다.[03] 직무에 관한 현실적인 사정을 사전에 공개하는 RJP는 특히 사원을 채용하는 단계에 중요하게 여겨진다. 회사는 조금이라도 우수한 인재를 획득하기 위해 회사의 좋은 면만 내세우는 경향이 있다.

"입사하면 이런 메리트가 있습니다!"
"급여와 승진의 전망은 이렇습니다!"

입사지원자는 이처럼 회사가 강조하는 매력적인 정보를 바탕으로 과도한 기대를 품는다. 그러나 막상 입사하고 나면 그 기대가 산산이 부서지곤 한다.

"보람 있는 일을 할 수 있다고 들었는데 선배들 뒤치다꺼리만 하고 있다."
"좋은 처우에 매력을 느꼈는데 실수령액은 기대에 못 미치는 데다 잔업도 많다."

기대와 현실의 괴리에서 비롯된 심리적 충격을 '**리얼리티 쇼크**'(Reality shock)라고 한다. 리얼리티 쇼크를 받은 신입사원은 의욕을 잃고, 심한 경우 이직하기도 한다.

이를 방지하기 위해서는 '입사 후 얼마나 고된 일이 기다리고 있는지', '수입은 어느 정도인지', '잔업의 빈도는 얼마나 되는지' 등 **현실적인 정보를 미리 공개해 기대와 현실의 괴리를 좁혀야 한다.** 이것이 RJP다.

RJP의 효과는 학술적으로도 검증됐는데, 입사 전 부정적 정보를 포함한 직무 정보를 사실대로 제공받은 그룹은 그렇지 않은 그룹에 비해 이직률이 낮다는 연구 결과도 있다.[04]

또 다른 연구에 따르면 신입사원 시절에 경험한 리얼리티 쇼크의 크기가 이후의 퍼포먼스에도 영향을 미칠 가능성이 있다고 한다. 큰 리얼리티 충격을 받은 신입사원은 시간이 흘러도 퍼포먼스 향상을 보이지 못한 반면, 그렇지 않은 경우는 상대적으로 높은 퍼포먼스를 보였다.[05]

'막연한 기대'를 버리고 '나만의 지도'를 만들자

눈치 빠른 독자라면 이미 알아차렸을 것이다. 신입사원과 마찬가지로 우리도 앞으로의 커리어를 '현실적'으로 내다보는 것이 중요하다는 사실을 말이다.

미들 & 시니어기에 발생하는 고민의 밑바탕에는 "이럴 리 없다!"가 깔려 있다.

이 같은 리얼리티 쇼크를 방지하기 위해서는 **앞으로 자신이 걸어갈 커리어 패스를 현실적이고 냉정하게 전망해야 한다.** 이에 우리 조사팀이 도달한 것이 바로 RCP다.

나중에 더 자세히 설명하겠지만, 우리에게는 '포스트 오프'나 '정년 후 재고용'과 같이 **언젠가는 찾아올 '불편한 미래'를 최대한 외면하려는 사고 습관**이 있다.

눈앞에 닥친 일을 처리하기에 급급해 불안한 미래를 신경 쓸 겨를도 없거니와 생각하고 싶어 하지도 않는다. 나 역시 미들 & 시니어의 한 사람으로서 그 마음을 충분히 이해한다.

그러나 이러한 사고 습관이 바로 리얼리티 쇼크의 근본 원인임을 알아야 한다.

포스트 오프 또는 정년 후 재고용을 경험한 사람에게 어떤 변화가 일어날지를 정확히 내다보고 대비한 사람은 새로운 상황에 현명하게 대응해 비약할 기회를 잡을 수 있다. 즉 적절한 RCP를 통해 현실을 미리 파악해두는 것만으로도 미래가 크게 달라질 수 있는 것이다.

회사가 전례에 비추어 제시하는 모호한 커리어 패스에 의존하는 것이 아니라, 앞으로 어떤 일이 기다리고 있을지 냉정하게 예측하는 것이 '미들 & 시니어의 우울'에서 벗어나기 위한 첫걸음이다.

관련해 보다 자세한 내용은 213페이지 이후에 정리돼 있다. 그러나 먼저 각자 내면에 '막연한 기대'가 내재돼 있지는 않은지 돌아봐야 한다.

직감과 패기에 기대지 말고
'부족한 점'을 찾는다

더는 '패기'에만 의존할 수 없다

그렇다면 '스스로 달리는 힘'을 잃어버린 경우에는 어떻게 해야 할까? RCP를 통해 얻을 수 있는 것은 '나만의 지도'다. 길을 잘 안다 해도 그 길을 따라 스스로 걸어 나가지 않는 한 폐색 상태에서 벗어날 수 없다. 즉 컨베이어벨트에 실려 운반되는 것이 아니라 자신의 두 다리로 움직여야 한다.

'스스로 달리는 힘'을 이 책에서는 **'자주력'**(自走力)이라고 부르기로 한다.

"실패를 두려워하지 말고 능동적으로 움직이자!"

"회사에 의존하는 시대는 이제 끝났다!"

"독립과 창업만이 살길이다!"

'자주력'이라는 말을 들으면 이런 부류의 식상한 메시지를 떠올리는 사람도 있을 것이다.

물론 이 같은 '응원'에도 일종의 진리가 포함돼 있다. 그러나 실제로 폐색감을 안고 있는 사람에게는 현실적이지 않은 조언이라고 생각된다. 나라도 쉰을 넘긴 이제 와 갑자기 "자, 이제 창업할 때가 왔다!"라는 말을 들으면 무척이나 당황스러울 것 같다.

중요한 것은 **'자주력'을 실천 가능한 수준으로 분해하는 것**이다.

지금 당장 "그래, 스스로 달리는 힘을 키우는 거야!" 하고 결심한다 해도 무엇부터 손을 대야 할지 막연할 뿐이다. 그리고 무엇보다 우리에게 남은 시간이 그리 길지 않다. 먼저 자주력의 구성요소를 낱낱이 분해한 다음 자신에게 **무엇이 결여돼 있는지를 파악하는 것이 효율적이다.**

스스로 움직이는 사람은 '5가지 행동'을 하고 있다

그렇다면 우리의 퍼포먼스를 좌우하는 '자주력'은 어떤 요소로 분해할 수 있을까? 23페이지에서 살펴본 그래프의 수치는 조사팀에서 설정한 몇 가지 기준을 바탕으로 산출한 것이다. [06] 그 기준은 직위 고하와 업무 퍼포먼스를 분리한 것으로, '출세 = 높은 퍼포먼스'가 아니라는 점에 유의하자.

미들 & 시니어의 업무 퍼포먼스에 영향을 미치는 요인을 인자분석한 결과 '자주력'이 높은 사람은 다음과 같은 **5가지 행동특성**을 보였다.

1 일단 해본다 [Proactive]

2 일의 의미를 탐색한다 [Explore]

3 자신보다 젊은 직원(상사 포함)과 잘 지낸다 [Diversity]

4 자신의 입지를 확보한다 [Associate]

5 배움을 활용한다 [Learn]

각 행동특성의 머리글자를 따 이를 'PEDAL(페달)'이라고 하자.

우리의 업무 퍼포먼스는 PEDAL의 영향을 받는다는 사실이 이번 조사를 통해 통계적으로 밝혀졌다([도표 0-5]).

마흔 이후에 일종의 '벽'에 부딪혔다면 이 가운데 무언가를 놓치고 있을 가능성이 있다.

뒤집어 말하면 '미들 & 시니어의 우울'에 빠지지 않고 활기차게 일하며 '자주력'을 발휘하는 사람은 PEDAL 행동을 고루 실천하고 있을 가능성이 크다.

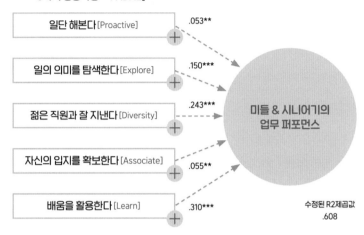

[도표 0-5] PEDAL이 업무 퍼포먼스에 미치는 영향

5가지 행동특성 「PADAL」

일단 해본다 [Proactive]	.053**
일의 의미를 탐색한다 [Explore]	.150***
젊은 직원과 잘 지낸다 [Diversity]	.243***
자신의 입지를 확보한다 [Associate]	.055**
배움을 활용한다 [Learn]	.310***

미들 & 시니어기의 업무 퍼포먼스

수정된 R2제곱값 .608

'우울'에 빠지지 않는 사람은 이들 행동특성이 높게 나타난다

주: 연령, 이직횟수, 근속연수를 등의 속성을 통제한 중회귀분석 결과. ***은 1% 수준, **은 5% 수준으로 통계적으로 유의함.
출처: 이시야마 노부타카, 퍼솔종합연구소(2017). 미들 & 시니어의 약진 실태조사.

무엇이 제동을 거는가? — PEDAL 행동 진단

"하지만 내 힘으로만 계속 달리는 건 왠지 힘들 것 같다."

이렇게 느끼는 사람이 나만은 아닐 것이다. 마라톤을 좋아하는 사람이라면 자신의 두 다리로 달리는 것이 대수롭지 않게 느껴질

지 모르지만, 수십 년이나 그 상태를 유지하기란 역시나 쉬운 일이
아니다.

그러나 안심해도 좋다.

자주력을 뒷받침하는 PEDAL 행동은 걷기나 뛰기보다는 **'자전
거 페달을 구르는 행동'에 더 가깝다.** 물론 처음 구르기 시작할 때
는 다소 힘이 들겠지만 일단 가속이 붙으면 작은 힘으로도 쑥쑥 나
아갈 수 있다. 컨베이어벨트에서 자전거로 옮겨 탄다는 가벼운 마
음으로 실천해보길 바란다.

이쯤에서 간단한 자가진단을 해보자([도표 0-6]).

각 질문에 '매우 해당한다' ~ '해당하지 않는다'의 5단계로 응답
하면 자신의 PEDAL 행동 점수를 확인할 수 있다.

PEDAL 행동을 클러스터 분석(유사성을 기준으로 데이터 전체를 몇
개의 집단(클러스터)으로 분류하는 분석 방법_옮긴이)이라는 통계방법
을 이용해 분석한 결과, 미들 & 시니어를 크게 5가지 유형으로 분
류할 수 있었다.

이를 [도표 0-7]에 정리했으니 자가진단과 대조해 이 책을 읽는
데 참고하기 바란다.

[도표 0-6] 미들 & 시니어의 PEDAL 행동 진단

자신의 업무방식을 돌아보고 다음 1~5 중 해당하는 숫자를 a에 적는다.
b에 소계를, c에 합계를 적는다.

1	2	3	4	5
해당하지 않는다	별로 해당하지 않는다	잘 모르겠다	다소 해당한다	매우 해당한다

		a	b
일단 해본다	새로운 업무는 일단 해보고 수정해 나가면 된다		소계
	생소한 업무도 일단 하고 본다		}
	새로운 일에 도전할 때는 누구라도 실수할 수 있다고 생각한다		
	전례나 틀에 얽매이지 않고 일하는 편이다		[P]
일의 의미를 탐색한다	나의 담당업무가 회사경영에서 지니는 의미를 이해하고 있다		소계
	회사 전체 상황을 고려하며 업무를 추진한다		}
	내가 하는 일에 어떤 의미가 있는지 매번 생각한다		
	개별 업무가 전체 프로젝트에서 차지하는 위상을 생각한다		[E]
젊은 직원과 잘 지낸다	상사가 나보다 젊어도 개의치 않고 일할 수 있다		소계
	업무 상대의 나이는 중요하지 않다		}
	나보다 젊은 상사의 지시도 거리낌 없이 수용할 수 있다		
	젊은 사람에게도 배울 점이 있다고 생각한다		[D]
자신의 입지를 확보한다	가능한 한 다양한 부문과 적극적으로 소통한다		소계
	가능한 한 많은 사람과 유대를 맺으려고 노력한다		}
	다른 의견과 주장을 적극적으로 끌어내려고 노력한다		
	사람들과 잘 어울리는 편이다		[A]
배움을 활용한다	필요한 정보를 수집하고 경험을 분석한다		소계
	다른 상황에서도 적용할 수 있는 요령을 찾아낸다		}
	경험의 결과를 나만의 노하우로 만든다		
	경험을 다양한 관점에서 분석한다		[L]

[P]+[E]+[D]+[A]+[L]=

c
/100

나에게 부족한 점은 무엇일까?

주: '배움을 활용한다'의 척도는 다음을 참고했다. 기무라 미쓰루(2012). 직장에서의 업무능력 향상에 이바지하는 경험학습 프로세스란—경험학습 모델에 관한 실증적 연구. 나카하라 준[편]. 직장학습의 탐구. 생산성출판.

하이 퍼포머 유형

조직에서 단연 눈에 띄는 활약상을 보이는 사람이다. 높은 직책을 맡고 있는 경우가 많다. (비중: 19.1%)

POINT 당신에게 이 책의 내용은 어쩌면 이미 알고 있는 내용의 '복습'에 지나지 않을지도 모른다. 당신의 뛰어난 능력을 활용해 고민하는 미들 & 시니어가 안개에서 빠져나도록 도움을 주는 것은 어떨까?

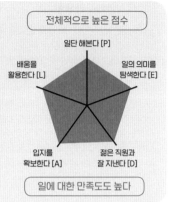

전체적으로 높은 점수

일단 해본다 [P]
배움을 활용한다 [L]
일의 의미를 탐색한다 [E]
입지를 확보한다 [A]
젊은 직원과 잘 지낸다 [D]

일에 대한 만족도도 높다

 밸런스 유형

균형 잡힌 퍼포먼스를 보이며 자기 나름의 만족감을 얻고 있는 사람이다. 영업, 마케팅, 크리에이티브 직종에 종사하는 사람이 많다. (비중: 30.2%)

POINT 높은 퍼포먼스를 보임에도 정체감을 느낀다면 아직 찾지 못한 문제해결의 힌트가 남아 있다는 뜻이다. PEDAL 중 어느 항목에 자신의 성장 가능성이 있는지 점검해보자.

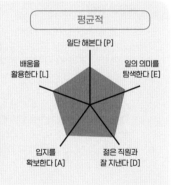

평균적

일단 해본다 [P]
배움을 활용한다 [L]
일의 의미를 탐색한다 [E]
입지를 확보한다 [A]
젊은 직원과 잘 지낸다 [D]

 성장 지체 유형

이 유형에 해당하는 사람이 가장 많다. 능력과 경험은 부족하지 않으나 직장이나 상사에 대한 불만이 발목을 잡고 있을 가능성이 있다. (비중: 38.3%)

POINT 일에 쫓기는 가운데 만성적 정체감을 느끼고 있지 않은가? 다행히도 당신은 이 책에 소개된 처방전이 가장 큰 효과를 발휘하는 유형에 해당한다. 이 책을 계기로 부디 자주력을 되찾기 바란다.

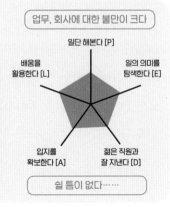

업무, 회사에 대한 불만이 크다

일단 해본다 [P]
배움을 활용한다 [L]
일의 의미를 탐색한다 [E]
입지를 확보한다 [A]
젊은 직원과 잘 지낸다 [D]

쉴 틈이 없다……

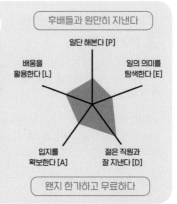

👤 무사안일주의 유형

업무 퍼포먼스는 그다지 높지 않지만 동료나 후배와 소통이 잘 되는 편이다. 보직이 없거나 부하 없는 관리직을 맡고 있는 사람에게서 주로 나타나는 유형이다. (비중: 8.7%)

POINT PEDAL 중 가장 많은 사람이 어려워하는 '젊은 직원과 잘 지낸다'의 점수가 높은 점이 큰 장점이다. 여기에 강점을 하나 더 추가하면 다른 세상이 열릴 것이다.

후배들과 원만히 지낸다

일단 해본다 [P]
배움을 활용한다 [L]
일의 의미를 탐색한다 [E]
입지를 확보한다 [A]
젊은 직원과 잘 지낸다 [D]

왠지 한가하고 무료하다

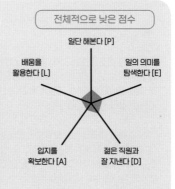

👤 불활성 유형

단적으로 말해 '일이 싫어서' 완전히 의욕을 상실한 상태다. 가장 작은 비중을 차지하지만 어느 조직에나 반드시 존재하는 유형이다. (비중: 3.7%)

POINT 업무 외에 열정을 쏟을 수 있는 일을 찾는 것도 좋다. 그러나 이 책을 읽고 있다는 것은 아직 성장에 대한 의욕이 어딘가에 남아 있다는 뜻인지도 모른다. 이 책을 끝까지 읽고 그 힌트를 얻기 바란다.

전체적으로 낮은 점수

일단 해본다 [P]
배움을 활용한다 [L]
일의 의미를 탐색한다 [E]
입지를 확보한다 [A]
젊은 직원과 잘 지낸다 [D]

* * *

그러면 이제부터 PEDAL 중 첫 번째 행동특성인 '일단 해본다 [Proactive]'를 강화하는 방법에 관해 함께 생각해보자.

섹션 말미에는 실천을 위한 [REFLECTION] 코너를 마련했으니 자신을 돌아보는 데 활용하기 바란다.

CHAPTER 1

일단 해본다

[Priactive]

움직이기 어려운 때야말로
더 적극적인 '정보 수집'을!

우수한 베테랑 사원이 걸리는 '첫걸음을 떼지 못하는 증후군'

"○○ 씨, 어째서 전표를 아직 수기로 작성하시나요?"

"음……, 글쎄요. 전부터 쭉 그렇게 해왔는데요."

"엑셀 포맷을 만들어두면 좋지 않을까요?"

"그런가요? 손으로 쓰는 것도 어렵지 않고 바쁘면 나중에 해도 괜찮아요."

"……."

입사한 지 20년 이상 흐르면 상당한 경험치가 쌓여 개별 업무에 대해 '수행할 의미가 있는지', '우선순위를 어떻게 매길지', '아예 하지 않는 편이 나은지' 등을 척척 판단하게 된다.

새내기 시절에는 일단 지시받은 업무는 어떻게든 모두 소화하려고 안간힘을 쓴다. 그러나 베테랑 반열에 오르면 업무의 중요도와 우선순위를 따져 줄을 세우게 된다. 그야말로 '일을 가지고 노는 수준'에 도달하는 것이다. 불필요한 업무 부하를 줄일 수 있다는 점에서 효율이 높아졌다고 볼 수도 있다.

그러나 실은 이것이 꼭 좋은 것만은 아니다. **업무 효율을 중시하면 '능숙하게 처리할 수 있는 일' 외에는 소극적으로 임하게 되는 리스크가 발생하기 때문**이다.

풍부한 경험을 쌓은 사람일수록 **'첫걸음을 떼지 못하는 증후군'**에 걸리기 쉽다. 이것이 미들 & 시니어 특유의 정체감을 낳는 첫 번째 요소다.

'자발적'으로 행동하지 않게 된다

'익숙한 업무는 능숙하게 처리하지만 새로운 일에 도전하지 않는 상태'는 본인은 좀처럼 자각하기 어렵지만 상사의 눈에는 꽤나 명확히 들어오는 듯하다.

[도표 1-1]은 자신보다 나이 많은 부하(선배부하)를 둔 관리자에

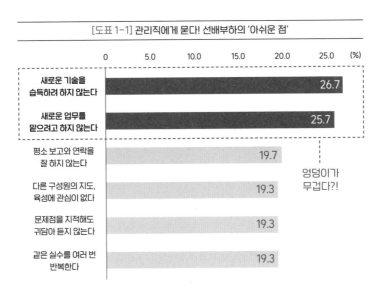

[도표 1-1] 관리직에게 묻다! 선배부하의 '아쉬운 점'

새로운 기술을 습득하려 하지 않는다 **26.7**
새로운 업무를 맡으려고 하지 않는다 **25.7**
평소 보고와 연락을 잘 하지 않는다 19.7
다른 구성원의 지도, 육성에 관심이 없다 19.3
문제점을 지적해도 귀담아 듣지 않는다 19.3
같은 실수를 여러 번 반복한다 19.3

엉덩이가 무겁다?!

새로운 도전을 회피하고 있지 않은가?

출처: 이시야마 노부타카, 퍼솔종합연구소, (2017). 미들 & 시니어의 약진 실태조사.

게 "선배부하의 어떤 행동이 아쉽게 느껴지는가?"라고 질문한 결과다. 이 가운데 "새로운 기술을 습득하려 하지 않는다"와 "새로운 업무를 맡으려 하지 않는다"가 단연 높은 비율로 1위와 2위를 차지했다.

이 결과에서도 알 수 있듯이 회사원이 미들 & 시니어기에 해결해야 할 첫 번째 과제는 **엉덩이가 무거워져 새로운 일에 도전하지 않는 것**이다.

반면 미들 & 시니어기에도 높은 퍼포먼스를 유지하는 사람은 '일단 해본다'는 행동특성의 점수가 높게 나타났다. '의미가 있는 일인지 따지기 전에 일단 해보는 태도'를 유지하는가 그렇지 않은 가가 중요한 변곡점을 낳는다.

이것이 PEDAL 행동의 첫 번째 요소인 **'일단 해본다 [Proactive]'** 다. 단순히 '활동적(Active)인 것'뿐만 아니라 '지시를 받거나 외부상황이 변하기 전에(Pro) = 자발적으로 행동하는 것'을 의미한다.

그러나 "일단 해보려는 태도를 취하자!"라는 말은 그다지 도움이 되지 않는다. 그보다는 '일단 해보려는 생각을 앗아가는 요인'을 하나씩 제거해 나가는 것이 좋지 않을까?

이에 인재 육성 및 인재개발에 관한 연구 결과를 참고해 '엉덩이가 무거워지는 요인' 세 가지를 도출하고 이를 극복하기 위한 처방전을 소개하고자 한다.

1 과잉적응의 덫
2 승진 정체의 안개
3 재량 확대의 벽

먼저 '과잉적응의 덫'에 관해 살펴보자.

'숙련과 효율화'는 언젠가 '무거운 엉덩이'로 이어진다

일을 배우는 다양한 방법 중 가장 전형적인 것이 OJT(On-the-Job Training. 현장에서 실무를 수행하며 업무에 필요한 지식과 기능을 습득하는 훈련 방법_옮긴이)다. 실무 지식을 오로지 이론으로만 습득하는 사람은 없을 것이다. 실제로 업무를 수행해봐야 비로소 다양한 노하우를 쌓을 수 있다.

다만 업무의 숙련과 개선에 OJT가 필수라고는 해도 이 역시 하나의 방법에 불과하다. OJT는 사내에 축적된 기존 업무 노하우를 강화하는 방법이다. 즉 **OJT를 통한 학습은 기업이 요구하는 직무에 적응해 업무 효율을 높이는 과정**이라고 할 수 있다. 이는 업무를 원활히 수행하기 위한 필수 프로세스로 특히 경험이 부족한 신입사원에게 대단히 큰 비중을 차지한다.

그러나 40세가 넘으면 이 같은 방식만으로는 한계에 부딪히게 된다. 정해진 업무를 수행하기 위해 배울 것이 더는 남아 있지 않기 때문이다.

이렇게 되면 어떤 일이 벌어질까? 단적으로 말해 업무에 대한 통찰력이 '지나치게' 커지는 문제가 발생한다. 이 일을 처리하면 다음으로 어떤 업무가 따라오고 거기에는 어느 정도의 시간이 걸릴지 '훤히 보이는 상태'에 이르는 것이다.

업무를 능숙하게 처리하는 것은 매우 바람직한 일이지만, 정형적인 업무에 숙달된 사람이 주어진 일을 신속히 끝내고 '새로운 일을 물색'하는 경우는 실로 드물다. 힘들이지 않고 업무를 처리하는데 만족한 나머지 **그간 쌓아온 '노하우'의 테두리 안에서 최대한 효율적으로만 행동**하게 되는 것이다.

66퍼센트는 '도전하지 않는 것이 이득'이라고 생각한다

혹시 여러분도 다음과 같은 상황이 마치 자신의 이야기처럼 느껴지지는 않는가?

"과제에 필요한 시간을 예측할 수 있어 마감 직전까지 일을 미루게
된다."
"업무의 강도를 판단할 수 있어 쉬운 일에만 손을 대게 된다."
"신규사업이 실패하는 사례를 많이 봐왔기 때문에 새로운 프로젝트
에 부정적이다."

담당 업무 또는 소속 조직에 지나치게 익숙해진 결과 새로운 학습 기회를 놓치는 (또는 자각하지 못하는) 상태를 **'과잉적응'**이라고 한다. [07] 미들 & 시니어기에 '일단 해보려는 태도'를 잃어버리는 것은 '과잉적응의 덫'에 빠진 결과라고 할 수 있다.

신규 프로젝트가 좌초하는 사례를 수없이 목격했거나 "이런 일은 처음부터 하지 말았어야 한다"고 후회했던 경험이 쌓여 '도전하지 않는 것이 이득'이라는 손익계산서를 손에 쥐게 된 것이다.

업무에 익숙해질수록 앞일을 쉽게 예측하게 되면서 프로젝트가 실패하는 광경 또한 눈앞에 선히 그려진다. 그 결과 우리는 자신도 모르게 실패를 두려워하고 위험을 회피하려고만 하게 된다.

[도표 1-2]는 "새로운 일에 도전할 때 실패해도 상관없다고 생각하는가?"라는 질문에 대한 응답이다.

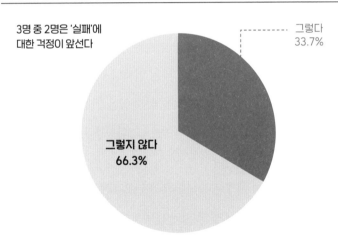

[도표 1-2] '새로운 일에 도전할 때는 실패할 수 있다'고 생각하는가?

3명 중 2명은 '실패'에 대한 걱정이 앞선다

그렇다
33.7%

그렇지 않다
66.3%

과도한 실패 회피는 장기적으로 '더 큰 실패'를 부른다?!

출처: 이시야마 노부타카, 퍼솔종합연구소(2017). 미들 & 시니어의 약진 실태조사.

이를 보면 알 수 있듯이 도전정신을 유지하고 있는 사람은 전체의 3분의 1(33.7퍼센트)에 불과하고 나머지 3분의 2는 실패에 대한 걱정이 앞서는 듯하다.

'왠지 바쁜 사람'일수록 공회전에 주의하자!

'실패할 가능성이 큰 일을 피하는 것'은 언뜻 합리적으로 보이지만 사실은 그렇지 않다.

실패라는 부정적 상황을 피하고자 '움직이지 않는 것'을 선택하는 사람의 지식과 능력은 아무리 시간이 흘러도 향상되지 않기 때문이다. **단기적인 작은 (과제 수준의) 실패 회피 행동은 장기적으로는 더 큰 (커리어 수준의) 실패를 부른다.**

과잉적응이 골치 아픈 이유는 "나는 언제나 바쁘게 일하고 있다"라고 생각하는 사람도 실은 그 덫에 빠져 있을 가능성이 있기 때문이다. 적응 프로세스의 연장선에 있는 과잉적응은 **성실한 사람일수록 빠지기 쉬운 '덫'**이다.

예를 들어 40대 이후에도 밤늦은 잔업을 마다치 않고 의욕적으로 일하는 사람. 이런 사람은 활력이 넘치는 듯 보이지만 실제로는 쳇바퀴만 돌리는 **'숨은 과잉적응'** 상태일 가능성이 있다.

스스로 만든 루틴에 갇혀 빠져나오지 못하는 것을 '**능동적 타성**' 이라고 한다. 이 상태에 있는 사람은 환경이나 상황이 변해도 몸에 밴 방법이나 과거의 성공 경험에 얽매여 이를 더욱 강화하는 방법 으로 대처하려는 경향을 보인다.

바로 이 점에서 과잉적응은 '**왠지 바쁜 사람**'일수록 주의가 필요 하다. 일을 게을리하기는커녕 오히려 주어진 업무를 척척 수행하 는데도 왠지 제자리걸음만 하는 느낌이 드는 사람은 '능동적 타성' 또는 '숨은 과잉적응'에 빠져 있지 않은지 돌아볼 필요가 있다.

부족한 것은 '용기'가 아니라 '정보'?

과잉적응의 덫에서 벗어나려면 어떻게 해야 할지 생각해보자. 나이 들어도 '실패를 두려워하지 않는 사람'은 어떤 행동을 하고 있 을까? 그 순위를 매긴 것이 [도표 1-3]이다.

가장 오른쪽 열이 영향도를 나타낸 수치(β)로 이 값이 클수록 '실 패를 두려워하지 않는 성향이 강하다고 볼 수 있다. 그 결과를 간 략히 정리하면 다음과 같다.

1 업무 개선 방법을 제안한다

2 정보를 적극적으로 수집한다

3 전례에 얽매이지 않는다

순위	항목	영향도 (β)
1	업무 분담 이외의 영역에서도 적극적으로 개선을 제안한다	.153
2	업무에 필요한 정보를 적극적으로 수집한다	.149
3	전례에 얽매이지 않고 업무를 추진한다	.114

개선 제안, 정보 수집, 전례 타파가 열쇠!

주: 연령, 이직횟수, 근속연수를 등의 속성을 통제한 중회귀분석 결과. 모두 5% 수준으로 유의함.
출처: 이시야마 노부타카, 퍼솔종합연구소(2017). 미들 & 시니어의 약진 실태조사.

위의 세 항목을 모두 실천하는 것이 이상적이지만 이는 결코 쉬운 일이 아니다.

따라서 '2 정보를 적극적으로 수집한다'부터 실천하기를 추천한다. 정보가 많으면 그만큼 다양한 리스크가 눈에 들어올 테니 실패를 더 두려워하게 될 것이라고 생각할지도 모르겠다.

그러나 데이터를 보는 한 현실은 그 반대인 듯하다. 즉 **정보를 적극적으로 수집하는 사람일수록 실패를 두려워하지 않는다.**

뒤집어 생각하면, 과잉적응의 결과 실패 회피 경향이 지나치게 강해진 사람은 일종의 '정보 부족' 상태에 있다고 볼 수 있다.

알고 보면 더 좋은 방식이 있거나 사실은 실패 가능성이 매우 낮은데도, 적극적으로 정보를 수집하지 않은 탓에 움직이지 않게 된 것이다.

'다른 직원(예컨대 젊은 사원)은 어떤 방식으로 일하고 있는가?'

'다른 기업에서는 동종 업무를 어떻게 처리하는가?'

이 같은 정보가 있으면 업무 개선 방법을 제안할 수 있다.

"실패를 두려워하지 말라!"라고 용기를 불어넣는 것만으로는 사람을 움직이게 할 수 없다. "나도 한번 정보를 수집해볼까?" 하고 생각하는 것만으로도 족하다. 그렇게 작은 행동을 쌓아 나감으로써 조금씩 페달을 굴려보자.

⇐⇒ REFLECTION

- 사내 또는 사외 미들 & 시니어 직원 중 '끊임없이 도전하는 사람'과 '같은 일만 되풀이하는 사람'을 한 명씩 떠올려보자. 그들이 하는 행동의 가장 큰 차이점은 무엇인가?
- 당신의 업무 가운데 '실패해도 무방한 일'과 '실패해서는 안 되는 일'을 각각 적어보자. 각 업무를 수행하는 더 좋은 방법에 관한 정보를 수집하려면 누구에게 무엇을 물어봐야 할까?

'일렬횡대 문화'에서 벗어나 '커리어의 안개'를 걷어내자

'출세에 대한 기대'가 엉덩이를 무겁게 한다

지금까지 '일단 해본다'는 행동특성을 저해하는 첫 번째 요인을 살펴봤다.

한편 직업의식의 측면에서 이 행동특성에 유의하게 부정적 영향을 미치는 항목이 있었다. 그것은 "목표하는 직위에 도달할 기회가 있다"라는 생각이다.

즉 40대, 50대에도 "아직 승진할 가능성이 있다"라고 생각하는 사람은 엉덩이가 무거워져 새로운 일에 도전하지 못한다.

이는 '직위에 대한 집착'이 '일단 해본다'는 행동특성을 저해한다고 바꿔 말할 수 있다. "어떻게 하면 출세할 수 있을까?" 하고 사내 정치에 몰두하는 사이에 점점 실패를 두려워하고 몸이 굳어지는 미들 & 시니어 사원의 모습을 데이터를 통해서도 확인할 수 있다.

승진 욕심이 크면 일도 더 의욕적으로 할 듯한데, 높은 직위를 향한 열정이 자주력을 떨어뜨린다는 말이 쉽게 이해되지 않을 수도 있다. 이 점에 관해 조금 더 자세히 살펴보자.

'오르막길'에 대한 오해가 만들어내는 '커리어의 안개'

인간의 성장 그래프는 일직선을 그리지 않는다. 그 과정에는 반드시 평평한 정체 구간이 존재한다. 운동선수가 경험하는 슬럼프가 그 전형적인 예다.

회사원의 커리어도 마찬가지다. '오르막길'이 끝없이 이어지는 것이 아니라 어느 순간 **'고원(플래토)'**에 이르게 된다.

회사원의 커리어는 입사 후 일정 기간은 순조로운 상승세를 탄다. 그러나 언젠가는 승진이 멈추는 정체 국면이 나타난다. 이를 **'승진 플래토'**라고 한다.

애당초 전사원의 무한 승진이란 있을 수 없기에 조직에 속한 사람이라면 누구에게나 승진 플래토가 찾아온다. 이처럼 지극히 당연한 일이 '미들 & 시니어의 우울'의 요인으로 작용하는 것은 앞에서 살펴본 '직위에 대한 집착' 때문이다. '높은 지위에 오르는 것'만을 성장의 척도로 여기는 사람은 승진 플래토에 접어든 순간 방향을 잃고 만다. 이처럼 사방에 안개가 낀 듯 앞날을 내다보지 못하는 심리상태를 '**커리어 미스트**'라고 한다.

커리어 미스트는 본래 30대의 젊은 화이트칼라를 대상으로 한 연구에서 비롯된 개념으로, '안개'가 지나치게 자욱하거나 너무 말끔하게 걷혀도 문제가 발생한다. 즉 '안개'의 정도가 커리어 미아의 발생을 좌우하는 것이다. 이와 비슷한 일은 우리에게도 충분히 일어날 수 있다. 커리어 미스트에 휩싸이면 '자신만의 커리어'를 디자인하려는 의욕을 잃고 정체 상태에 빠지기도 한다.[08]

'직위'에 대한 집착이 강할수록 쉽게 정체감을 느낀다

"명함을 교환하면 '기업 규모'와 '직위'를 보고 어떻게 행동할지 판단하라."

전에 몸담았던 회사에서 이런 조언을 받은 적이 있다. 조언을 해준 사람은 법인을 상대하는 영업담당자였는데, 업무 특성상 순간적인 판별력이 필요했을지도 모르겠다.

그러나 '기업 규모'나 '직위'를 유일한 가치 척도로 삼거나 명함에 새겨진 직함만으로 '상대가 나보다 높은지 낮은지'를 판단하는 사람은 결국 커리어 미스트에 갇힐 가능성이 크다. 누구에게나 '승진에서 탈락해 자신의 가치가 더는 오르지 않게 되는 날'이 반드시 찾아오기 때문이다.

또 다소 극단적인 예일 수 있지만, '동기보다 뒤처졌다'는 사실을 깨닫고는 정신적 혼란을 겪는 사람도 적지 않다.

42세 회사원 A 씨는 다음과 같은 고민을 토로했다.

"입사 후 줄곧 초과 실적을 달성했기 때문에 임금만큼은 동기들과 비슷하거나 어쩌면 가장 높은 수준일 거라고 생각했습니다. 그런데 얼마 전 우연히 동기 B의 기본급이 저보다 몇천 원 높다는 사실을 알게 됐습니다. 그때부터 거의 반년이 다 되도록 왠지 우울하고 일할 마음이 들지 않습니다."

평소 냉철한 성격이었는데도 A씨가 느끼는 우울감은 상당했고, 그것을 감추려고도 하지 않았다. 그에게는 '회사 내 직위'와 '동기 간 서열'에 의거한 가치판단이 '상식'으로 자리 잡고 있었다.

"겨우 몇천 원 차이로……?" 하고 의아하게 생각할지 모르지만 이 같은 경우는 결코 드물지 않다. 이러한 정신적 동요는 24페이지에서 살펴본 '동기문화'에 기인한다.

실제로 A 씨는 '제대로 평가받지 못했다'는 점이 아닌 '동기보다 기본급이 낮다'는 사실에 더 큰 충격을 받았다.

동기문화가 깊이 뿌리내린 조직일수록 승진 플래토는 더 쉽게 커리어 미스트를 발생시킨다. 직위에 대한 집착이 강한 사람은 승진 플래토에 이르렀을 때 방향을 잃고 '안개' 속에서 헤매게 된다.

정체된 것은 '승진'이 아니다

그렇다면 이러한 '안개'에서 빠져나오려면 어떻게 해야 할까?

물론 '더 높이 승진하는 것'도 하나의 해결책이 될 수 있다. 그러나 이미 살펴본 바와 같이(25페이지) 50세가 되면 '승진에 대한 기대'가 급격히 하락하고, 42.5세를 기점으로 '출세를 원치 않는 사람'의 비율이 더 커진다.

그렇다. 문제는 '승진'의 정체가 아니다. '성장'이 멈춘 자신을 외면한 채 회사에서 능동적인 역할을 하지 못하는 것이 진짜 문제다.

오랫동안 같은 업무를 담당하면 그 일을 마스터했다는 사실에 만족하고 안주하기도 한다. 이처럼 도전에 대한 설렘과 배우려는 태도를 잃어버리고 '성장이 정체한 상태'를 **'내용 플래토'**라고 한다.[09] 이는 앞에서 살펴본 '과잉적응'과도 맥락을 같이한다.

'백 세 인생'이라고 불리는 지금, 승진이 멈춘 이후의 회사생활은 결코 짧지 않다. 적어도 65세까지는 회사원으로 사는 것이 당연한 시대가 도래할 것을 생각하면 미들 & 시니어기 이후를 '안개' 속에서 보내기에는 그 시간이 너무도 길고 아깝다.

무의식에 내재된 '집착'을 직시하자

"나는 출세할 생각이 눈곱만큼도 없다!"라고 말하는 사람도 있다. 하지만 출세 욕심이 없어서 일도 대충한다는 사람이야말로 '지위에 대한 집착'이 마음 한구석에 숨어 있을 가능성이 크다. 나보다 빨리 승진한 동기에 대한 복잡한 심경을 억누르고자 '자기합리화'를 하고 있는지도 모른다. 또 이렇게 이야기하는 사람도 있다.

"나이 든 사람이 젊은 사람의 기회를 뺏어서야 되겠습니까?"
"젊고 유능한 세대에게 빨리빨리 길을 터줘야지요."

미래를 짊어질 청년세대와 조직의 발전을 위하는 충정처럼 들리지만 이 또한 자신의 '내용 플래토'를 감추기 위한 구실은 아닐까?

또 사실은 자신보다 젊은 상사를 모시는 것이 견디기 힘든데도 이를 합리화하고 있는 것인지도 모른다.

우리가 할 일은 무의식에 뿌리내린 '직위에 대한 집착'을 직시하고 **'승진 플래토'에서 '내용 플래토'로 시선을 옮기는 것**이다.

이를 위해서는 먼저 '동기문화'의 굴레에서 벗어나야만 한다. 입사연차에 따른 '일렬횡대 인사'가 관행으로 자리 잡은 회사에서는 승진 플래토가 퍼포먼스 저하로 이어질 확률이 높다는 점은 이미 지적했다.

[도표 1-4] 행동특성 '일단 해본다'에 영향을 미치는 '경험'

순위	항목	영향도 (β)
1	연수 수강(리더십 스킬 개발)	.056
2	해외 장기근무(1년 이상)	.054
3	사외 스터디, 교류회	.049
4	연수 수강(매니지먼트 스킬 습득)	.042
5	자신보다 나이가 많은 부하를 관리한 경험	.041
6	신규사업 추진	.040
7	관련 회사로의 출향	.040

'동기문화'에서 벗어나는 월경 경험이 중요

주: 연령, 이직횟수, 근속연수를 등의 속성을 통제한 중회귀분석 결과. 모두 5% 수준으로 유의함.
출처: 이시야마 노부타카, 퍼솔종합연구소(2017). 미들 & 시니어의 약진 실태조사.

반면 외부 이직자가 다수를 차지해 연공서열이 불분명한 직장에 서는 '직위에 대한 집착'이 유지되기 어렵다.

[도표 1-4]를 보면 알 수 있듯이 통계데이터 분석 결과도 '해외 장기근무(1년 이상)', '사외 스터디 또는 교류회', '신규사업 추진', '관련 회사로의 출향' 등 **동기문화를 벗어나는 경험이 '일단 해본다'는 행동특성을 강화**하는 것으로 나타났다.

⟨⇒ REFLECTION

- 회사가 부여한 '직위'만을 기준으로 자신의 퍼포먼스를 평가하고 있지는 않은가? 다른 기준으로 자신의 업무 퀄리티를 평가하려면 어떤 관점이 필요할까?
- '동기'라는 이유만으로 지나친 라이벌 의식을 느끼고 있지는 않은가? 자신보다 한참 어린 후배 직원의 관점에서 존경할 만한 인물이 있는지 돌아보자.

잔소리를 듣고 싶지 않다면
'피드백 시킹'을 하라

'이 사람에게 일을 맡겨야겠다'고
생각하게 만드는 3가지 행동 패턴

"일단 해보려는 태도가 중요하다는 건 잘 알고 있습니다. 하지만 우리 회사는 좀처럼 개인의 재량을 인정하지 않아요. 새로운 일에 도전하고 싶어도 그럴 수가 없다고요!"

이렇게 항변하고 싶은 사람도 있을 것이다.

일정한 경력을 쌓은 개인뿐 아니라 나름의 역사를 지닌 기업 또한 변화와 도전에 저항감을 느끼는 점은 다르지 않은 듯하다. 조직의 규모가 클수록 승인 프로세스가 복잡해 불필요한 시간이 소요되기도 한다.

실제로 '일단 해본다'는 행동특성을 발휘하려면 어느 정도 자기 재량이 필요하다. 재량이 없는 상태에서 앞서나가는 사람에게는 '독단적으로 행동한다'는 평가가 따라오기 때문이다.

그렇다면 반대로 '일정한 권한을 부여받아 능동적으로 일하는 사람'에게는 어떤 특징이 있을까? 이에 관해 분석한 결과가 [도표 1-5]다.

[도표 1-5] '자기재량'에 영향을 미치는 요인

순위	항목	영향도 (β)	실행 비율 (%)
1	업무 목표를 스스로 설정한다	.138	44.8
2	업무 방식을 자신에게 맞게 개선한다	.100	47.7
3	주위 사람과 협력해 업무의 흐름을 바람직한 방향으로 수정한다	.090	38.6
4	자신의 업무에 관해 상사의 의견을 구한다	.079	22.6
5	일정 수준의 노력이 필요한 목표를 설정한다	.079	34.7

'변화 창출', '목표 관리', '피드백 요구'가 열쇠!

주: 연령, 이직횟수, 근속연수를 등의 속성을 통제한 중회귀분석 결과. 모두 5% 수준으로 유의함.
출처: 이시야마 노부타카, 퍼솔종합연구소(2017). 미들 & 시니어의 약진 실태조사.

그중에서도 다음 세 가지가 중요하다.

1 **변화를 만들어내려고 노력한다**
2 **스스로 목표를 설정한다**
3 **피드백을 요청한다**

이들 조건을 갖춘 사람은 자신만의 방식으로 업무를 추진하도록 인정받는 경향이 있다. 상사의 신뢰를 얻어 자유롭게 움직일 수 있는 범위를 확대하는 데에는 이 같은 행동이 열쇠가 된다.

'팔을 뻗어야 닿을 수 있는' 목표를 설정한다

먼저 [도표 1-5]에서 2위와 3위에 오른 '업무방식을 개선한다', '동료와 협력해 업무의 흐름을 바람직한 방향으로 바꾼다'에 주목하자. 주변 사람과 손을 잡고 변화를 일으키는 것이 자기재량 확대에 필수라는 점은 자주 지적되는 바다.

"재량이 없어서 변화를 만들어내지 못한다"라고 푸념하기보다는 **스스로 작은 변화를 일으켜 더 큰 재량을 획득한다**는 발상이다.

또 우리가 간과하기 쉬운 것이 **'목표 설정'**이다. 거의 모든 기업이 'MBO'(management by objectives) 또는 '자기 목표 관리'라는 시스템을 도입하고 있다. 즉 위에서 하달받은 목표를 수행하는 것이 아니라 스스로 목표를 설정하고 면담을 통해 상사와 의견을 조율하는 제도가 (표면적으로는) 운영되고 있다.

그러나 실제로는 유명무실한 제도로 전락하는 경우가 많다. 나이 많은 '선배부하'가 불편해 면담에 형식적으로 임하는 상사가 적지 않기 때문이다. 최근에는 이 같은 문제로 인해 정기평가 자체를 폐지하는 기업마저 생겨나고 있을 정도다.

여러분이 몸담은 회사는 어떠한가? 평가를 위한 평가에 머물며 '상사와 부하 간의 기탄없는 대화를 통해 부하의 성장을 촉진한다'는 본래 목적이 흐려지고 있지는 않은가?

어째서 이런 이야기를 하는가 하면, 데이터를 보는 한 목표 관리 시스템을 제대로 이용하면 큰 도움이 되기 때문이다.

자기재량을 부여받은 사람은 '업무 목표를 스스로 설정한다'(1위). **면담을 통해 합의한 목표를 형식적인 것이 아닌 '나의 목표'로 받아들이는 것**도 중요하다.

또 하나의 포인트는 5위에 오른 '노력해야 달성할 수 있는 목표를 설정한다'다. 스스로 설정하는 목표가 굳이 달성이 불가능할 정도로 어려워야 할 이유는 없다. 하지만 어느 정도 팔을 뻗어야 닿을 수 있는 수준, 인재개발 용어로는 **'스트레치'**가 필요한 목표를 세우는 사람이 자기재량을 얻을 확률이 더 높다.

'선배부하'를 관리하는 상사가 생각하는 것

이상의 두 가지 점은 재량 확대를 위한 '정공법'으로 미들 & 시니어에게만 해당하는 이야기는 아닐 수도 있다.

반면 **'3 피드백을 요청한다'는 특히 미들 & 시니어기에 이를 의식하는 것만으로도 상당한 효과를 기대할 수 있다.** 그러므로 현장에서 꼭 실천해보기 바란다.

부하의 특정 행동에 대해 좋았던 점과 아쉬웠던 점을 피드백해 돌아보게 하는 것은 상사가 해야 할 가장 중요한 일 중 하나다. 그러나 미들 & 시니어기에 접어든 부하를 관리하는 국면에서는 이같은 피드백이 기능 부전에 빠지는 경우가 많다.

그 이유는 무엇일까?

가장 큰 원인은 **상사와 부하의 '연령 역전'**이다.

자신보다 나이 많은 부하에게 피드백을 해야 하는 상사는 일종의 '거리낌'을 느낀다. 선배부하 역시 자신보다 경험이 부족한 상사의 피드백을 순순히 받아들이지 못하는 경우가 있다. 만약 상사가 어렵게 용기를 냈는데 선배부하가 반발하거나 하면 이후 입을 다물게 된다. 그러면 오히려 커뮤니케이션이 줄어 재량을 확대할 기회 자체가 사라지고 만다.

반대로 "관리자의 역할을 제대로 해야겠다"라고 생각하는 상사도 있을 수 있다. 그런데 이 경우 역시 "그 일은 어떻게 진행되고 있습니까?", "일전에 얘기했던 건에 관한 메일은 보내셨나요?" 하고 **마이크로 매니지먼트**(일일이 간섭하는 관리)를 하게 돼 선배부하의 재량을 축소하는 결과를 낳는다.

즉 미들 & 시니어 부하에 대한 피드백은 '나이'라는 요소가 개입되면서 피드백을 하는 측에서는 '거리낌'이라는, 피드백을 받는 측에서는 '반감'이라는 기능부전의 원인을 만들어낸다.

후배의 의견을 구하는 것은 가치 있는 일이다

이럴 때 우리가 선배부하로서 해야 할 일은 먼저 적극적으로 피드백을 요청하는 것, 이른바 **'피드백 시킹'**(Feedback Seeking)이다.

재량이 있는 상태란 '상사로부터 아무런 잔소리를 듣지 않는 것'을 의미하지 않는다. 재량을 부여받아 자율적으로 일하는 사람은 업무에 대한 의견, 즉 피드백을 상사에게 요청한다.

아무리 직위가 높아도 자신보다 나이 많은 선배부하에게 조언하기란 여간 부담스러운 일이 아니다. 그렇기에 더욱더 선배부하가 먼저 다가가 "이건 어떻게 생각하나요?" 하고 의견을 구하는 것은 매우 가치 있는 일이다. 허울뿐인 자존심 때문에 스스로 발목을 잡지 말고 적극적으로 피드백을 요청해보자. 그러면 상사도 여러분을 더 깊이 이해하게 될 것이다.

"아, 이런 일을 추진하고 싶으시군요. 그런데 이 부분은 이렇게 하면 어떨까요? 나머지는 일임할 테니 재량껏 해보세요."

이것이 선배부하가 상사의 신뢰를 얻어 재량을 확대해 나갈 때의 기본 스토리다.

하지만 서로 어려워하며 의견을 교환하지 않으면 선배부하의 재량은 점점 더 위축될 뿐이다. 상사의 관점에서 '중요한 사항을 의논하지 않는 부하', '무슨 생각을 하는지 알 수 없는 부하'에게 중요한 일을 맡길 수는 없는 노릇이다. 마음껏 기량을 펼치고 싶다면 먼저 피드백을 요청하는 '선수'를 쳐보자. 이 작은 한 걸음이 자신의 재량을 확대하는 중요한 계기가 될 것이다.

↩ REFLECTION

- '스트레치'가 필요한 업무목표로 무엇을 설정할 수 있을까? 단 한 가지라도 좋으니 생각해보자.
- 자신보다 나이 어린 상사에게도 거리낌 없이 피드백을 요청하는 사람의 얼굴을 떠올려보자. 피드백을 요청할 때 그 사람의 말투, 표정, 몸짓은 어떠한가?

CHAPTER 2

일의 의미를 탐색한다

[Explore]

'회사의 누구에게 도움이 되는가?'라는 관점에서 생각한다

"아버지는 무엇을 위해 일하세요?"

두 번째 PEDAL을 살펴볼 이 장은 나의 지인 F 씨의 이야기로 시작하고자 한다.

F 씨의 아버지는 지방공무원이었는데, 어린 시절 그가 기억하는 아버지는 전형적인 '미들 & 시니어의 우울'에 빠진 상태였다고 한다. 일요일 저녁이면 함께 TV를 보다가도 뜬금없이 "휴, 출근하기 싫다"라고 읊조리던 '월요병' 환자였다.

F 씨가 중학교 2학년생이던 때 사회과목 수업에서 '아버지의 직업'에 관해 인터뷰하는 과제를 받았다. 일요일 늦은 오후 F 씨는 서재에서 밀린 일을 처리하던 아버지에게 과제를 도와달라고 부탁했

다. 아버지가 자기 직업을 싫어한다고 믿었던 F 씨는 내심 마음이 무거웠다고 한다. 그러나 뜻밖에도 아버지는 아들의 인터뷰에 사뭇 진지하게 임했다고 한다.

선생님이 나눠준 인터뷰 항목 중에는

"아버지는 무엇을 위해 일하세요?"

라는 어려운 질문도 있었는데, F 씨의 아버지는 꽤나 그럴듯한 대답을 했다고 한다. 세월이 흘러 정확한 내용은 기억나지 않지만 아들의 질문에 연신 고개를 끄덕이며 열심히 대답을 찾는 아버지의 모습이 뇌리에 선명히 남아 있다고 한다.

매일 밤 지칠 대로 지친 얼굴로 퇴근해 일요일 저녁이면 한숨을 몰아쉬던 아버지가 '일의 의미'를 진지하게 되새기는 모습이 F 씨에게는 신선한 충격이었을 터다.

스스로 '탐색'하지 않는 한 '일의 의미'는 보이지 않는다

이번 대규모 조사 데이터를 분석하면서 '일의 의미'가 업무 퍼포먼스에 지대한 영향을 미친다는 사실을 알게 됐을 때 나는 F 씨의 일화가 떠올랐다.

자녀가 있는 독자라면 F 씨의 아버지와 같은 질문을 받았을 때 어떻게 대답하겠는가?

또는 초등학생 30명에게 '일하는 이유'를 설명해야 한다면 어떤 프레젠테이션을 준비하겠는가?

"돈을 벌기 위해 일합니다."

"가족을 부양하기 위해 일합니다."

"자아실현을 위해 일합니다."

"더 나은 세상을 만들기 위해 일합니다."

물론 이 질문에 '정답'은 없다. 어떤 대답을 할지는 개인의 가치관에 달려 있다.

내가 확인하고 싶은 것은 '이 질문에 대답하는 데 시간이 얼마나 걸리는가?'다. 한 걸음 더 들어간다면 여러분은 평소 '일의 의미'에 관해 얼마나 생각하는지 묻고 싶다.

새내기 시절에는 상사나 선배가 '일의 의미'를 알려주는 경우도 드물지 않다.

"이 업무에는 이런 배경이 있어서……."

"이 일을 해두면 고객이 기뻐할 것이다."

"이 일을 통해 사회에 기여할 수 있다."

그러나 미들 & 시니어에게 이런 일은 일어나지 않는다. 중년을 넘긴 직원에게 일의 의미를 친절히 알려줄 사람도 없거니와 의미가 분명한 업무가 주어지는 경우도 많지 않기 때문이다. 그래서 열심히 머리를 굴려 의미를 찾아내는 과정이 필요하다.

이는 PEDAL 중 두 번째 행동특성인 '일의 의미를 탐색한다 [Explore]', 즉 **위임받은 업무를 심층 분석해 그 의미를 찾아내는 것**에 해당한다.

'거창한 의미'가 아니어도 좋다

이번 조사와는 별개의 미들 & 시니어 관련 조사에서도 성장을 저해하는 요인 중 1위를 차지한 것이 '일의 보람과 의미를 느끼지 못한다'였다([도표 2-1]).[10] 일에서 의미를 찾아내는 것은 보람을 창출하는 데에 결정적인 역할을 한다.

> "취업준비생도 아니고 그런 한가한 일에 신경 쓴다고 해서 회사생활이 달라질 것 같지는 않습니다."

이렇게까지 생각하지 않더라도 일의 의미를 탐색하는 것이 왠지 새삼스러워 실천하기가 쉽지 않을 수도 있다. "일에서 의미를 찾는 것이 미들 & 시니어의 퍼포먼스를 좌우한다"라고 이야기해도 딱

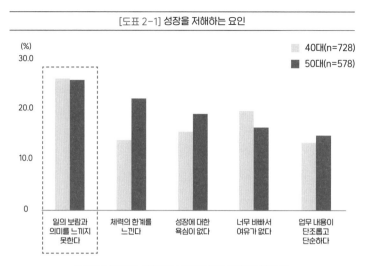

[도표 2-1] 성장을 저해하는 요인

(%)
40대(n=728)
50대(n=578)

'보람과 의미의 상실'이 성장을 가장 크게 저해한다

출처: 퍼솔종합연구소(2018). 근로자 1만 명 취업, 성장 정점조사.

히 와닿지 않는 사람이 많을 것이다.

이에 또 다른 데이터를 살펴보고자 한다.

'일의 의미를 탐색한다 [Explore]'는 행동특성이 강한 사람은 어떤 '직업의식'을 가지고 있는지 분석한 데이터로 [도표 2-2]는 그 영향도가 큰 순서로 정리한 것이다.

이를 보면 '일의 의미'라는 말 안에는 다층적 의미가 포함돼 있음을 알 수 있다.

특히 상위 3위는 다음과 같이 바꿔 말할 수 있다.

순위	항목	영향도 (β)
1	내가 하는 업무는 사회에 이바지하는 의미 있는 일이다	.134
2	조직에서 영향력을 키울 기회가 있다	.120
3	일을 통해 스스로 성장했다고 느낀다	.100
4	이 회사에서 보람 있는 일을 할 기회가 있다	.082
5	나는 조직에서 책임이 따르는 중요한 일을 맡고 있다	.080
6	회사에서 고도의 전문성을 습득하고 있다	.073
7	업무방식을 스스로 결정할 수 있다	.064
8	이 회사에서 나의 경험을 살려 일할 기회가 있다	.064
9	업무를 추진할 때 나의 의견이 충분히 반영된다	.055

'사회, 조직, 자신'에 대한 의미를 탐색한다

주: 연령, 이직횟수, 근속연수를 등의 속성을 통제한 중회귀분석 결과. 모두 5% 수준으로 유의함.
출처: 이시야마 노부타카, 퍼솔종합연구소(2017). 미들 & 시니어의 약진 실태조사.

1 '사회'에 대한 의미

2 '조직'에 대한 의미

3 '자신'에 대한 의미

업무 그 자체만 생각해서는 '의미'를 찾기 어렵다. 업무 외적 요소와 연계해 의미를 탐색해야 한다. 이때 위 세 가지 관점에서 생각할 필요가 있는데, 각 항목에 따라 탐색의 난도가 달라진다.

예를 들어 경리업무를 담당하는 사람은 "당신의 업무가 '사회'에 대해 지니는 의미는 무엇인가?"라는 질문에 쉽게 대답하지 못할 수 있다. 마찬가지로 "전표처리 업무가 '당신의 인생'에서 어떤 의미를 지니는가?" 또한 좋은 질문은 아니다.

하지만 '회사'에 대한 의미를 묻는다면 꽤 명확한 대답이 돌아오지 않을까? 이에 다음 섹션에서는 그 의미를 탐색하기가 가장 쉬운 '2 조직에 대한 의미'에 관해 조금 더 깊이 살펴보기로 하자.

어째서 '무의미한 업무'는 사라지지 않는가?

회사 조직에 몸담고 있다 보면 때때로 불합리한 일을 마주하게 된다. 그럴 때면 "어째서 이런 불필요한 업무를 해야 하는가?" 하는 한탄이 절로 나온다. 이는 '조직에서 그 일이 지니는 의미'를 찾을 수 없는 상태라고 할 수 있다. '무엇을 위한 일'인지 도통 이해하지 못한 채 그것을 수행해야 하는 것만큼 괴로운 일도 없다.

도스토옙스키가 시베리아 정치범수용소에서 겪은 일을 글로 옮긴 《죽음의 집의 기록》에는 커다란 구덩이를 파내 흙더미를 쌓아 올리고 다시 그 흙더미로 구덩이를 메우는 형벌이 기록돼 있다. 이 형벌이 고통스러운 나머지 자살을 선택하는 수용자마저 있었다고 한다. 그만큼 무의미한 일을 되풀이하는 것은 상상 이상으로 인간의 정신을 피폐하게 만든다.

물론 정도의 차이는 있지만 '회사가 무의미한 일을 강요하는 것'은 어느 정도 사실이다. 하지만 그런 현실을 불평하는 것만으로는 무엇도 해결할 수 없다. 이런 의미에서 '무의미한 일'을 없애기 위해 구체적인 행동에 나서는 사람은 칭찬받아 마땅하다.

이쯤에서 생각해봐야 할 것은, **'개인이 느끼는 의미'와 '조직의 방침'이 완전히 일치하는 일이 과연 있을 수 있는가** 하는 점이다.

회사 일이란 본래 조직의 방침과 개인의 사고 사이에 존재하는 '괴리' 위에서 아슬아슬하게 굴러가는 법 아니었던가?

"그건 지나치게 현실타협적인 사고방식이다. 우리는 끊임없이 이상을 추구해야 한다!"라는 비판은 달게 받겠다. 그러나 10페이지에서 이야기했듯, 조직의 개혁과 무관하게 우리의 회사원 인생은 계속된다. 이런 이유로 '조직 개혁'이라는 이상 다음의 '차선책'이 지니는 의미도 크다.

이야기가 잠시 샛길로 빠졌지만 내가 하고 싶은 말은 "회사와 개인 간의 사고의 차이를 '당연한 것'으로 받아들이고 그 괴리를 조금이라도 메워나가려는 태도"가 개인에게 더 큰 이득이라는 것이다. 바로 이것이 '조직에 대한 의미'의 탐색이다.

이와 관련해 최근 주목받는 것이 **'잡 크래프팅'**(Job Crafting)이라는 이론이다.[11] 쉽게 말해 본인이 지향하는 바에 따라 업무를 주도적으로 '창출'(craft)함으로써 일에 임하는 태도를 바꾼다는 개념이다. 잡 크래프팅에는 개인의 의욕과 퍼포먼스를 높이는 효과가 있다는 점이 밝혀졌다.

잡 크래프팅 또한 그 출발점은 '조직에서의 일의 의미'라고 한다. 즉 업무를 창출할 때도 먼저 '부여받은 업무'가 조직에서 어떤 의미를 지니는지 생각해보는 과정이 선행돼야 한다는 것이다.

'자신에게 의미 있는 일'을 탐색하기 위해서는 '조직에서 일이 지니는 의미'를 파악해 조직과 개인 간의 괴리를 메우는 것부터 시작해야 한다는 점은 반드시 기억해야 할 포인트가 아닐까 생각된다.

'자신의 관점'만 고수하는 사람은 일의 의미를 찾을 수 없다

"어째서 이렇게 무의미한 일을 시키는가!" 하고 불만을 느끼는 것은 실무자, 즉 자신의 관점에서 일의 의미를 판단하기 때문이다. 물론 실무자의 관점도 중요하지만 **'일의 의미'를 찾아내기 위해서는 한 걸음 떨어져 조망할 필요가 있다.**

그러므로 '조직에 대한 의미'를 탐색할 때는 다음 두 가지를 생각해보길 바란다.

1 거시적 관점 — '경영자'의 관점에서 생각한다
2 미시적 관점 — '그 사람'의 관점에서 생각한다

먼저 거시적 관점을 살펴보자.

당신이 만약 회사의 경영자라면 지금 당신이 하는 업무를 어떻게 인식하고 있을까? 조직 전체로 볼 때 어째서 당신과 당신의 소속 부서에 그 같은 업무를 배정했을까?

언뜻 불합리하게 보이는 업무라 할지라도 경영자의 관점에서 그 의미를 생각하면 전혀 다른 시각으로 바라보게 될 것이다. 미들 & 시니어기에도 퍼포먼스를 유지하는 사람은 이처럼 '조직에서 일이 지니는 의미'를 끊임없이 탐색한다.

물론 경영자의 관점에서 일의 의미를 생각하기란 쉽지 않은 면이 있다. 그래서 제안하는 또 하나의 방법은 사정 범위를 좁힌 미시적 관점에서의 의미 탐색이다. 예를 들어 '부서'와 같은 작은 단위에서도 의미를 찾을 수 있다. 여러분과 같은 공간에서 함께 일하는 동료의 얼굴을 떠올려보라.

당신이 담당하는 업무는 그 동료에게 어떤 의미가 있는가? 당신은 그 동료에게 어떤 도움을 주고 있는가? 직접적으로 이익을 창출하는 부서가 아니라 하더라도 '동료에 대한 기여도'를 평가지표로 삼는다면 얼마든지 의미를 찾을 수 있다.

최근 일부 기업에서는 직원 간에 서로의 성과를 평가해 인센티브를 주는 '피어 보너스'(Peer Bonus)라는 제도를 도입하고 있다. 또 어느 외국계 기업에서는 사내 SNS에서 동료로부터 칭찬('좋아요!')

을 많이 받은 직원에게 가산점을 부여하는 시스템을 운영한다.

이 같은 인사제도의 배경에는 '동료의 인정을 통해 일의 의미를 찾는다'는 발상이 깔려 있다. 이런 시스템이 없다 하더라도 언제나 미소를 유지하고 밝게 인사하는 행동 등을 통해 자기 나름대로 '조직에 대한 의미'를 탐색하는 노력은 큰 의미를 지닌다.

➡ REFLECTION

- 당신이 '무의미'하고 '불필요'하다고 느끼는 업무를 하나 꼽아보자. 만약 당신이 경영자라면 "어째서 이 일을 해야 하는가?"라는 질문을 받았을 때 어떻게 대답하겠는가?
- 당신의 업무는 회사의 '누구'를 행복하게 하는가? 가장 도움을 주고 싶고 기쁘게 하고 싶은 사람을 떠올려보자.

'사내 논리'에서 벗어나
업무를 바라본다

신규사업이 가져다주는 '뜻밖의 효용'

88페이지에서는 '직업의식'이 '일의 의미 탐색'에 미치는 영향을 살펴봤다. 이번에는 관점을 조금 달리해 어떤 '경험'을 쌓아야 더 쉽게 의미를 찾아낼 수 있을지 분석해보자.

[도표 2-3]을 보면 여러분도 그 답을 쉽게 유추할 수 있을 것이다. '신규사업 추진', '사외 스터디 또는 교류회', '해외 장기근무(1년 이상)'가 차례로 1, 2, 3위를 차지했다. 즉 **'사내 논리'에서 벗어날 기회를 갖는 것이 '의미 탐색'에 긍정적 효과를 낸다**고 할 수 있다.

예를 들어 제로 상태에서 새로운 사업을 시작하는 신규사업 추

[도표 2-3] 행동특성 '일의 의미를 탐색한다'에 영향을 미치는 '경험'

순위	항목	영향도 (β)
1	신규사업 추진	.073
2	사외 스터디, 교류회	.066
3	해외 장기근무(1년 이상)	.055
4	연수 수강(매니지먼트 스킬 습득)	.050
5	연수 수강(사내 커리어 카운슬링)	.047
6	연수 수강(리더십 스킬 개발)	.044

'회사를 벗어나는 경험'이 '의미'를 탐색하는 계기가 된다

주: 연령, 이직횟수, 근속연수 등의 속성을 통제한 중회귀분석 결과. 모두 5% 수준으로 유의함.
출처: 이시야마 노부타카, 퍼솔종합연구소(2017). 미들 & 시니어의 약진 실태조사.

진 프로세스는 '어째서 이 사업이 필요한가?'라는 자문자답의 연속이다. 물론 그 질문의 대상은 자기 자신만이 아니다. 회사의 경영진 내지 기존 사업을 담당하는 동료들을 향해 '신규사업에 어떤 의미가 있는지' 설명하고 협력을 구하지 않으면 새로운 사업을 시작할 수 없기 때문이다. 이는 그 의미를 이미 충분히 공유한 상태에서 추진되고 있는 기존 사업에서는 좀처럼 하기 어려운 경험이다.

또 여기에서 말하는 '의미'는 조직에 대한 그것에 그치지 않는다. '신규사업이 어떤 부가가치를 창출할 수 있는가?'라는 내부 관점만으로는 경영진과 동료의 관심을 끌기 어렵다. 그들의 이해와 지

원을 얻으려면 고객과 시장, 사회(=외부)의 관점에서 신규사업(=내부)이 지니는 의미를 찾아내는 '**아웃사이드 인**'(outside in)의 발상이 필요하다.[12]

어째서 정년에 도달하면 그제야 '일의 의미'가 눈에 들어올까?

이제 여러분은 신규사업을 추진하는 경험이 어떻게 '의미 탐색'에 큰 도움이 되는지 이해하게 됐을 것이다. 그러나 이는 누구나 경험할 수 있는 업무가 아니다. 그래서 "사회적 의미를 찾기 위해

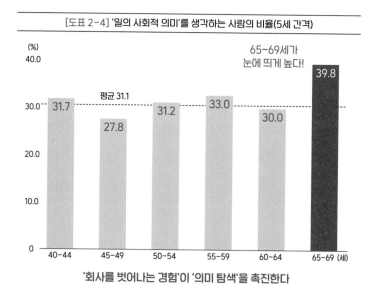

[도표 2-4] '일의 사회적 의미'를 생각하는 사람의 비율(5세 간격)

'회사를 벗어나는 경험'이 '의미 탐색'을 촉진한다

출처: 이시야마 노부타카, 퍼솔종합연구소(2017). 미들 & 시니어의 약진 실태조사.

신규사업을 추진하자!"라는 조언은 그다지 현실적이지 않다.

[도표 2-4]는 '자신의 업무가 사회적으로 어떤 의미를 지니는지 생각하며 일한다'라는 항목에 '그렇다'고 응답한 사람의 비율을 연령별로 그래프화한 것이다. 참고로 전체 평균은 31.1퍼센트에 불과하다.

여기에서 주목할 점은 65~69세의 수치다. 최저치를 기록한 45~49세의 비율은 27.8퍼센트인 데 반해 65~69세는 그보다 12퍼센트포인트나 높은 39.8퍼센트로 가장 높은 비율을 기록했다.

정년퇴직으로 인해 '회사에서 벗어나는 경험'을 하고 조직을 '객관적인 시각'으로 바라보게 된 것이 큰 영향을 미친 듯하다.

이와 맥락을 같이하는 것이 [도표 2-3]의 '사외 스터디 또는 교류회'다. 회사 밖의 사람에게 자신이 하는 일을 설명하려면 '조직에 대한 의미'를 넘어서는 관점이 필요하다.

포인트는 '외부인'에게 자신의 업무에 관해 '이야기한다'는 점이다. 그런 의미에서 설명의 대상이 반드시 자신과 같은 회사원이어야 할 필요는 없다. 친구, 가족, 물론 어린 자녀라도 좋다. **사내 논리를 공유하지 않는 사람을 향해 "내가 하는 일에는 이런 의미가 있다"라고 이야기하는 것은 그야말로 큰 의미가 있다.**

자신의 일을 '스토리화'하면 '억측'에서 벗어날 수 있다

커리어 카운슬링 분야에서 자주 사용되는 기법 가운데 **'내러티브 어프로치'**(narrative approach)가 있다. 커리어 영역뿐만 아니라 보험의료, 복지, 교육 등의 분야에서 1990년대 이후 폭넓게 채용되고 있는 대인 지원 방법이다.

내러티브(narrative)란 '서사적', '서술적'이라는 뜻을 지니는 형용사다. 문제를 안고 있는 사람의 상당수가 "○○은 △△다. 그래서 XX한 것이다"라는 나름의 논리 또는 일종의 억측을 내세우곤 하는데 이를 **'지배적 스토리'**(Dominant Story)라고 한다. 상담사는 대화를 통해 지배적 스토리를 끌어낸 후 그것을 **'대체 스토리'**(Alternative Story)로 전환함으로써 문제를 해결한다.[13]

우리가 '일의 사회적 의미'를 잃어버리는 것은 이러한 지배적 스토리 때문일 가능성이 있다.

> "회사는 내가 하는 일을 무시한다. 그래서 예고도 없이 보직을 해제한 것이다."
>
> "저 나이 어린 상사는 나를 거북하게 생각한다. 그래서 무의미한 업무를 떠넘기는 것이다."
>
> "우리는 쉽게 입사해 꽃길만 걸은 세대라서 능력을 높여야 할 동기도 기회도 없었다."

이런 부류의 억측은 생각보다 그 힘이 막강해서 자신도 모르는 사이에 거기에 얽매여 운신의 폭이 좁아진다. 본인의 노력만으로는 지배적 스토리에서 벗어나기 어려우므로 도움을 받을 필요가 있다.

그 적임자가 바로 '커리어 카운슬러'다. 만약 당신이 '정체감'을 느낀다면 커리어 카운슬링을 통해 자신이 하는 일의 사회적 의미를 '재발견'하는 것도 효과적이다. 기업에 따라서는 개인 상담사 또는 카운슬링 단체와 계약을 맺고 직원들에게 서비스를 제공하는 곳도 있다.

'잊고 있던 소중한 것'을 떠올린다

'조직 밖의 사람'에게 자신의 일에 관해 '이야기'할 기회를 얻는 것이 중요한 이유는 그것이 커리어 카운슬링과 비슷한 효과를 내기 때문이다.

외부인에게 직업의 의미를 이야기할 때 대부분의 사람은 '지배적 스토리'를 잠시 접어둔다. 그 덕분에 미처 깨닫지 못했던 진정한 의미를 발견하게 되는 것이다. 평소 일에 대해 불평불만만 늘어놓던 F 씨의 아버지가 아들에게 '무엇을 위해 일하는지'를 설명할 때는 다른 스토리를 찾아냈던 것처럼 말이다. 이 같은 기회를 갖는 것은 '의미 탐색' 능력을 높이는 데 대단히 효과적이다.

나 또한 '이야기의 힘'을 직접 목격한 경험이 있다. 과거 무로란 시(室蘭市. 일본 홋카이도 남서부에 위치한 공업도시)에서 고등학생을 대상으로 커리어 강좌를 하게 됐는데, 수업의 일환으로 지역에서 활동하는 기술장인 열 분을 초대해 이야기를 청해 들었다.

나는 학생들에게 다음과 같은 내용으로 장인을 인터뷰하고 그것을 벽보로 정리하는 과제를 냈다.

"어떤 때 직업적 성취감을 느끼시나요?"
"지금까지 가장 힘들었던 일은 무엇인가요?"
"지금도 자신이 성장하고 있다고 느끼시나요?"
"직업상 중요하게 생각하는 신념은 무엇인가요?"

만일 내가 같은 질문을 받는다면 깊은 고민에 빠졌을 내용뿐이었다. 이 인터뷰가 예상치 못한 효과를 냈다는 사실을 깨달은 것은 학생들의 프레젠테이션이 끝난 다음이었다.

과제를 수행한 학생들보다 질문 세례를 받은 장인들이 더 뿌듯한 표정을 짓고 있었던 것이다. "인터뷰 덕분에 잊고 있던 소중한 것을 다시 떠올리게 됐다", "지금까지는 내가 하는 일에 관해 진지하게 생각해보지 못했다", "질문에 대답하면서 비로소 내 생각이 정리됐다" 하며 감동의 소감을 쏟아냈다.

뜻밖의 깨달음을 얻고 들뜰 대로 들뜬 장인들과 나는 그날 밤새 술잔을 기울였다.

REFLECTION

- 열 살의 자신에게 '지금 내가 하는 일에 어떤 의미가 있는지' 설명한다면 어떻게 이야기하겠는가?
- 당신이 정체감을 느끼기까지의 흐름을 순서대로 정리해보자. 거기에는 어떤 '지배적 스토리'가 깔려 있는가?

한 장의 시트로 '묻혀 있던 관심사'를 발굴한다

"결국 돈"이라고 답하는 사람이 간과하고 있는 것

지금까지 '조직'에 대한 그리고 '사회'에 대한 '일의 의미'를 살펴봤다. 어쩌면 "내가 하는 일은 조직에서도 사회에서도 별 의미가 없는 것 같다"라고 생각하는 사람이 있을지도 모르겠다.

이제 막 사회에 첫발을 내디딘 새내기도 아니고, 이미 인생의 대부분을 조직에서 보낸 사람으로서 회사 일의 어둡고 불합리한 면을 수없이 봐왔을 것이다. 그런데 이제 와 새삼 '조직에 대한 의미', '사회에 대한 의미'를 운운하는 것이 어쩐지 낯간지럽게 느껴질 수도 있다.

냉정하게 들릴지 모르지만, 만약 그렇다면 무리하게 의미를 찾으려 애쓰지 않아도 된다. 다만 적어도 '자기 자신에게 어떤 의미를 지니는지' 정도는 진지하게 생각해보기 바란다. 이때 **'조직'이나 '사회'에 대한 의미 탐색을 '자신에 대한 의미'를 찾아내기 위한 발판** 정도로 생각해도 좋다.

"개인적인 의미야 너무 간단하지요. 돈이지요. 다 먹고 살자고 하는 일 아니겠습니까?"

이렇게 대답하는 사람도 있을 것이다. 이 정도로 직설적이지는 않더라도, 잠시 고민한 후 "음, 여러 가지가 있겠지만, 뭐…… 결국엔 돈 아닐까요?" 하고 조심스럽게 입을 떼는 사람은 쉽게 만날 수 있다.

현대사회에서 '돈'을 배제한 채 '일하는 이유'를 말할 수 있는 사람은 극히 소수에 지나지 않을 것이다. 나 또한 "돈을 위해 일하는가?"라는 질문을 받는다면 주저 없이 "YES"라고 대답할 것이다.

다만 그 질문의 의미가 "오로지 돈을 위해 일하는가?"라면 나의 대답은 "NO"다. 여러분은 어떠한가?

잠시 사고실험(생각만으로 진행하는 실험_옮긴이)을 해보자.

'1억 원' 대 '1조 원'

"당신에게 1억 원을 드립니다. 단, 3일 안에 모두 사용해야 합니다."

만약 이런 제안을 받는다면 여러분은 어디에 돈을 사용하겠는가? "빚을 갚겠다", "고급 승용차와 명품을 사겠다", "부모님께 드릴 선물을 사겠다" 등등 다양한 대답이 있을 수 있겠다.

그런데 만약 이보다 훨씬 큰 금액을 제안받는다면 어떨까?

"당신에게 1조 원을 드립니다. 단, 3일 안에 모두 사용해야 합니다."

현명한 사람은 '금융상품'에 투자하겠다고 대답할지도 모른다. 금리가 연 1퍼센트만 돼도 이듬해 100억 원에 가까운 이자를 손에 넣을 수 있으니 말이다. 하지만 엄밀히 말해 금융상품에 투자하는 것은 '모두 사용한다'는 조건에 맞지 않는다.

그렇다면 이 질문에 곧바로 대답할 수 있는 사람은 많지 않을 것이다. 10억 원의 빚을 갚는다 해도 아직 9,990억 원을 더 써야 한다. 갖고 싶은 것을 원 없이 산다 하더라도 3일 동안 1조 원을 모두 사용하기란 불가능에 가깝다.

어떠한가? 개인에 따라 답은 천차만별이지만 거기에는 그 사람의 '근본적 욕구'가 투영돼 있다.

"돈 때문에 일한다"라고 말하는 사람은 '그 돈으로 무엇을 할 것인가?'까지는 생각해보지 않았을 가능성이 크다. 즉 **'개인적 의미 = 돈'이라고 답하는 사람은 무척이나 근시안적 사고를 하고 있을 가능성이 크다.** 조심스럽게나마 "(일하는 이유는) 여러 가지가 있겠지만 역시 돈이 아니겠는가"라고 말하는 사람에게 "그렇다면 그 '여러 가지'는 무엇인가?"라고 물었을 때 선뜻 대답하지 못하는 것이 그 증거다.

회사생활이 길어지면 '진짜 좋아하는 것'을 잊어버린다

이와 비슷한 것이 "승진하기 위해 일한다", "반드시 출세하고 싶다"라고 대답하는 경우다.

그런데 승진하고 싶은 이유는 무엇일까?

'주위 사람에게 인정받고 싶어서'?
'가족의 생활을 더 윤택하게 하고 싶어서'?
'안정적인 지위에 오르고 싶어서'?
'더 높은 위치로 발돋움하고 싶어서'?

만약 '주위 사람에게 인정받고 싶어서'라면 어째서 인정을 받고 싶은 걸까?

이렇게 '왜?'를 되풀이하며 그것이 정말 자신의 '근본 욕구'인지 되짚어보기 바란다. 자신의 욕구, 즉 '관심의 원천'을 알지 못하면 '자신에게 일이 지니는 의미'를 발견할 수 없다.

이처럼 '어째서 그것이 좋다고 느끼는가?', '그것이 무엇을 가져다주는가?'라는 질문을 반복하며 근본적 가치를 찾아 나가는 방법을 **'래더링 기법'**(laddering-)이라고 한다. 이는 마케팅 리서치의 정성조사에 자주 사용되는 방법이다.

그러나 자신의 '관심사'를 스스로 탐색하기란 결코 쉽지 않다.

특히 '언젠가 하고 싶은 일'을 뒤로 미룬 채 '지금 당장 해야 하는 일'만을 처리하는 것이 일상이 돼버린 사람은 '자신이 무엇에 관심이 있는지'를 이미 오래전에 잊어버린 경우가 대부분이다.

우리에게는 마구잡이로 쌓인 경험의 더미 속에서 '관심의 원천'을 찾아내는 작업이 필요하다. 다음에서는 이를 위한 방법 두 가지를 소개하겠다.

자신의 '관심사'를 발견하는 방법 ─ 존경하는 인물과 라이프 테마

첫 번째는 비즈니스 특화형 SNS '링크드인'(Linkedin)의 창업자 리드 호프먼(Reid Hoffman)이 제안하는 방법이다. [14]

호프먼은 개인과 기업이 서로의 희망을 조율하고 신뢰관계를 구축해 일정 기간 고용계약을 맺는 것을 '얼라이언스'(alliance)라고 부른다. 이처럼 개인이 자율적으로 커리어를 쌓아 나가기 위해서는 분명한 **가치관**이 있어야 한다.

이를 위해 호프먼이 제안한 방법은 **'존경하는 인물 세 명'을 꼽는 것**이다. 먼저 세 명의 '이름'을 적은 후 그들이 지니고 있는 '자질'을 각각 세 가지씩 적는다. 그다음 이들 자질의 우선순위를 매기면 "나는 이런 사람이 되고 싶다"라는 가치관이 눈에 들어온다는 것이다.

두 번째는 커리어심리학자 마크 L. 사비카스(Mark L. Savickas)가 제창한 **커리어 구축 이론**에 바탕을 둔 방법이다.

그에 따르면 더 좋은 커리어를 쌓기 위해서는 자신의 **라이프 테마**(Life Theme: 인생의 주제)를 설정할 필요가 있다고 한다.

사비카스식 사고방식의 특징은 **어린 시절 동경하던 대상에 그 사람의 관심의 원천이 있다**고 생각하는 것이다. 성인이 되는 과정에서 라이프 테마가 점점 희미해지기 때문에 [도표 2-5]과 같은 질문에 답함으로써 '진정한 관심'을 가리고 있는 장막을 걷어낼 필요가 있다고 그는 주장한다. [15]

1. 당신은 어린 시절 성장 과정에서 어떤 사람을 동경하고 존경했나요?
   그 사람에 관해 이야기해주세요.

2. 정기구독하는 잡지나 자주 시청하는 TV 프로그램이 있나요?
   그것은 무엇인가요? 그 잡지나 TV 프로그램의 어떤 점이 마음에 드나요?

3. 당신이 좋아하는 책이나 영화는 무엇인가요?
   그 스토리를 이야기해주세요.

출처: Savickas, M(2011). Career Counseling. American Psychological Association.

인생 커리어를 한 장의 '지도'로 만든다 — 리플렉션 시트

이 두 가지 방법은 기본적으로 상담사의 지도하에 시행하는 것이 바람직하지만 혼자서도 시도할 수 있다. 단 피드백이 없으면 기대만큼의 효과를 거두기 어려울 수 있다는 점에 유의하자.

이에 추천하는 것이 [도표 2-6]과 같이 **'리플렉션 시트'**를 작성하는 것이다. 이는 자신의 평생 커리어를 되돌아보는 동시에 그 배경에 있는 가치관을 가시화할 수 있도록 우리 조사팀에서 개발한 포맷이다.

먼저 쉬운 항목부터 채워보자. '라이프' 시트에서는 '어디에 살았는지', '집의 크기와 집세는 어느 정도였는지', '커리어' 시트에서는 '어느 회사의 어느 부서에 소속돼 있었는지', '상사는 누구였는지' 등이다.

다음은 '어떤 업무를 담당했는지', '업무상 성공경험과 실패경험', 그리고 '연애, 우정, 결혼, 출산' 등 인간관계와 그에 얽힌 이벤트를 적어보자. 이는 자신의 가치관이 변화하게 된 포인트를 발견하는 계기가 될 것이다. 그리고 그것을 통해 '배운 점'을 적는다.

그 밖에 질병을 앓았던 경험 등은 '건강' 란에, 조깅, 골프, 요리 등을 시작했다면 '교류/취미' 란에 적는다.

예시와 같이 '22~24세', '25~31세' 등 구간을 설정해도 좋고, 철저한 '탐색'을 원한다면 1년 단위로 구분해도 좋다. 그야말로 '회사원 인생 연표'가 만들어질 것이다.

나이 (연차)	커리어			
	소속(직위)/상사	업무, 실적	만족한 점	아쉬운 점
22-24세 (1-3년)	영업 1부(사원) / K 과장	법인 대상 영업	동료 덕분에 힘든 시간을 이겨낸 부분도 있다	필사적으로 노력했다. 야근이 너무 많았다!
25-31세 (4-10년)	영업기획부(사원) / C 과장 → P 과장	영업 추진 업무용 시스템 고안, 개발 까지 관여		영업 업무에 익숙해 질 무렵 갑작스러운 인사이동에 당황했 다. 업무 수행 방식에 서 상사와 충돌했다
32-39세 (11-18년)	영업기획부(주임) / P 차장		처음으로 부하가 생 겼다. 힘들기도 했지 만 성취감을 느꼈다	
40-45세 (19-24년)	영업기획부(과장) / S 부장			비슷한 업무가 반복 되면서 제자리걸음 을 하는 기분이었다
세 년				
세 년				

배운 점	라이프			배운 점
	주거/가족	교류, 취미	건강	
비즈니스의 기본 매너	수원 / 독신	동기모임 총무를 맡아 술자리를 주도했다		학창시절과는 다른 인간관계가 신선했다
한 번도 해본 적 없는 시스템 개발에 도전한 것이 즐거웠고 덕분에 시야도 넓어졌다	수원 / 독신	여자친구와 제주도 여행		테니스 레슨을 받기 시작했다
팀원에 대한 동기부여 코칭 연수	서울 / 결혼	신혼여행으로 유럽 일주. 심기일전!	주량이 갑자기 늘었다	35살까지 테니스 레슨을 계속 받았다
	서울 / 득녀		체중이 급증했다	영어회화 학원에 다니기 시작했다

쉬운 항목부터 먼저 채운다!

어떠한가? 도전해보고 싶은 마음이 들지 않는가?

하지만 막상 빈칸을 채우기가 쉽지 않을 수도 있다. 아무리 기억을 쥐어짜도 떠오르지 않는 항목도 있을 테고 생각보다 시간도 오래 걸릴지 모른다. 그러나 완성된 시트를 찬찬히 들여다보면 잊고 있던 것들이 하나씩 떠오르며 '자신이 진짜 좋아하는 것이 무엇인지', '무엇을 중요하게 여기는지'를 차츰 깨닫게 될 것이다. 이 책의 부록을 이용해 당신만의 리플렉션 시트를 만들어보기 바란다.

🔙 **REFLECTION**

- 지금 손안에 1조 원이 있다면 무엇을 하고 싶은가? 세 가지만 적어보자.
- 부록으로 제공된 리플렉션 시트의 '주거/가족', '소속(직위)/상사' 항목만 우선 채워보자. 그 내용을 바라보며 자신에게 커다란 변화가 발생한 포인트 세 가지를 꼽아보자.

CHAPTER 3

젊은 직원과 잘 지낸다

[Diversity]

상대가 누구든
'존칭'을 사용한다

사소한 대화에서도 단번에 알아차릴 수 있는 '그것'

Y 과장 "S 군, 일전에 얘기했던 건 이렇게 하려고 하는데 말이야."

S 부장 "아, 네. Y 님 생각은 그러시군요. H 군 생각은 어때?"

H 사원 "네, 저도 Y 님 의견에 찬성입니다."

일본 기업에서 흔히 오가는 대화 패턴이다. 아마도 이 대화를 이상하게 여기는 일본 사람은 없을 것이다.

그런데 실은 여기에 일본 기업 내 인간관계의 전형적 특징이 녹아 있다. 그것은 무엇일까?

이 대화에서 주목할 점은 **'호칭'과 '경어'**의 사용이다. Y 과장은 S 부장을 'S 군(くん)'이라고 부르며 꽤나 거침없는 말투를 사용하고 있다.

한편 S 부장은 자신보다 직위가 낮은 Y 과장을 '님(さん)'으로 높여 부르고 있다. 그러나 평사원 H 씨에 대해서는 역시 '군'으로 칭하며 반말을 사용했다.

이제 알겠는가? 전통적인 일본 기업에서 일하는 사람이라면 이 대화문을 보자마자 세 사람의 연령 고하를 알아차렸을 것이다. 즉 **직위와 나이(또는 입사연차)의 서열이 일치하지 않는 것**이다.

- **직위순 ― S 부장 → Y 과장 → H 사원**
- **연령순 ― Y 과장 → S 부장 → H 사원**

전통적인 일본 기업에서는 자신보다 나이가 많은(=입사연차가 높은) 사람에게는 호칭을 높이고, 나이가 적은(=입사연차가 낮은) 사람에게는 자연스럽게 호칭을 낮추는 문화가 있다.

직장에서 일상적으로 이런 광경을 접하다 보면 자신도 모르는 사이에 '연공서열' 문화를 비판 없이 수용하게 된다.

그러나 신규졸업자 일괄채용에서 비롯된 '동기문화'와 한 축을 이루는 '연공서열'이 당연시되는 기업에서도 **부하와 상사 간 연령 역전**은 더는 낯선 현상이 아니다. 구체적으로는 **'자신보다 늦게 입**

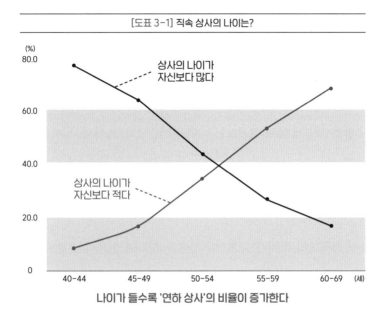

[도표 3-1] 직속 상사의 나이는?

상사의 나이가
자신보다 많다

상사의 나이가
자신보다 적다

40-44　　45-49　　50-54　　55-59　　60-69　(세)

나이가 들수록 '연하 상사'의 비율이 증가한다

출처: 이시야마 노부타카, 퍼솔종합연구소(2017), 미들 & 시니어의 약진 실태조사.

사한 상사(=후배상사), 자신보다 먼저 입사한 부하(=선배부하)'의 조합이다.

이는 고령화와 경기변동에 따른 조직 내 연령 구성의 왜곡, 나아가 포스트 오프와 성과주의 제도의 도입과 같은 인사시책의 결과로 비교적 최근에 나타나기 시작한 현상이다.

[도표 3-1]은 가령(5세 단위)에 따른 직속 상사의 연령을 정리한 것이다. 당연한 결과지만, 세월이 흐를수록 상사가 자신보다 젊은 사람의 비율은 증가한다.

'나이에 따른 호칭 구별'의 올가미

"이제는 '성과'와 '실적'으로 평가받는 시대입니다. 나이는 상관없습니다."

말은 이렇게 해도 실제로는 나이를 기준으로 '호칭'과 '경어'를 구분해 사용하는 사람이 적지 않다. 즉 무의식적으로 자신보다 나이가 많은 상대에게는 '존칭 + 존댓말'을, 그 반대의 경우에는 '비칭 + 반말'을 사용하는 것이다.

동기문화의 뿌리가 깊고 "그 사람은 ○○년 입사야" 하는 식의 대화가 일상적으로 오가는 회사에서는 그 가능성이 더 커진다. 또한 종적 서열과 지시, 명령체계가 확실한 조직에서도 이 같은 경향이 나타난다.

동기문화가 당연시되는 조직에서 오래 일한 사람은 이해하기 어려울지 모르겠지만, 불과 한 살 차이라는, 업무와는 무관한 조건에 따라 커뮤니케이션 방식이 달라지는 것은 어떤 의미에서 대단히 특이한 일이다.

'상사와 부하 간 연령 역전'이 발생하기 전, 즉 직위와 연공서열이 일치하던 시절에는 상대를 직함으로 부르는 것이 일반적이었다.

"○○ 부장님, 거래처 고객의 전화입니다."
"XX 과장님, 다음 주 회의 자료입니다."

이처럼 직함으로 상대를 부르는 문화는 조직 내 종적 서열을 불필요하게 강화하는 측면이 있어 이에 대한 개선이 진행됐다. 물론 여전히 이 같은 문화가 남아 있는 회사도 있지만 말이다.

그럼에도 불구하고 '나이를 기준으로 호칭을 구별하는 문화'가 잔존하는 한 종적 서열의 뿌리를 뽑기는 어렵다. 이것이 '나이에 따른 호칭 구별'이 무서운 점이다. 평등한 조직을 만들기 위해 직함으로 부르는 문화를 없앴지만 또 다른 낡은 조직문화가 여전히 이어지고 있는 것이다.

이러한 문제를 해결하는 방법은 실은 무척 간단하다. **지금 당장 모든 사람에게 '존칭'을 사용하면 된다.**

실제로 외부 전직자가 많아 나이와 경력만으로는 서열을 파악하기 어려운 조직에서는 호칭을 '님(さん)'으로 통일하는 것이 일반적이다(라기보다는 그렇게 할 수밖에 없다).

설령 나이를 기준으로 호칭을 구별하는 문화가 당연하게 여겨지는 조직에 속해 있다 하더라도 자신만이라도 모든 사람을 높여 부르는 습관을 들여보자. 처음에는 어색하게 느껴지겠지만(나 역시 그런 과도기를 거쳤다) 생각보다 금세 익숙해질 것이다.

젊은 세대는 당신의 '언행'을 지켜보고 있다

다행히도 상대의 나이와 직위, 성별 등에 따라 말투, 소통방식,

경우에 따라서는 관리방식을 달리하는 낡은 관습은 조금씩 사라지고 있다.

그 배경에는 차이를 강조하지 않고 있는 그대로 받아들이는 '다이버시티'(Diversity)라는 개념이 있다. 요즘 젊은 세대는 직장 내 다이버시티에 민감하다.

[도표 3-2]는 밀레니얼 세대(1980~1995년 사이에 태어난 세대)를 대상으로 직장을 선택할 때 다이버시티를 얼마나 중시하는지 조사한 결과다.[16]

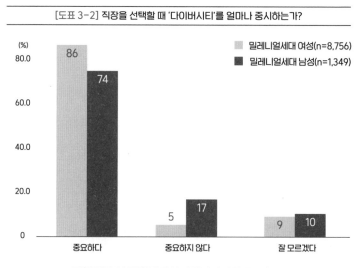

[도표 3-2] 직장을 선택할 때 '다이버시티'를 얼마나 중시하는가?

밀레니얼세대 여성(n=8,756)
밀레니얼세대 남성(n=1,349)

특히 젊은 여성이 '직장의 다이버시티'를 중시한다

출처: PwC(2015), The Female Millennial: A New Era of Talent.

보다시피 응답자의 대다수가 '다양성을 인정하는 분위기'가 형성돼 있는지를 중요한 조건으로 여긴다. 특히 여성에게서 이 같은 경향이 강하다.

"어이, ○○! 그거 어떻게 됐어?"

혹시 당신도 이런 말투를 사용하고 있지는 않은가? "그런 말투는 바람직하지 않습니다"라고 면전에서 주의를 주는 후배는 없겠지만, 젊은 세대는 여전히 당신의 언행을 지켜보고 있다.

우리 조사팀에서는 "사고방식이 다른 사람과 함께 일하는 것을 개의치 않는다"라는 항목에 대한 응답을 연령별로 비교했는데 [도표 3-3]과 같은 결과가 나왔다.

이는 '다이버시티 허용도'라고도 해석할 수 있는데 45~60세의 미들 & 시니어기에 최저점을 찍는 U자 커브를 그렸다. 사고방식이 가장 경직되는 시기인 만큼 자신과 가치관이 일치하지 않는 사람과 함께 일하는 것에 스트레스를 느끼는 듯하다.

"내가 젊었을 때는 후배에게 반말하는 게 당연했는데 말이야……."

혹시 당신도 이렇게 생각하고 있지는 않은가?

만약 그렇다면 당신도 '나이에 따른 호칭 구별'에 '과잉적응'한 상

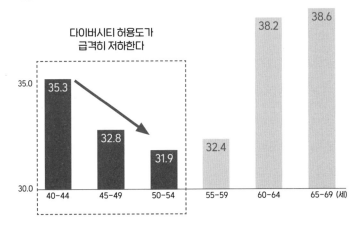

[도표 3-3] '사고방식이 다른 사람과 함께 일하는 것을 개의치 않는다'의 비율

(%)
40.0

다이버시티 허용도가
급격히 저하한다

35.0   35.3
              32.8
                   31.9   32.4
                                        38.2   38.6

30.0   40-44   45-49   50-54   55-59   60-64   65-69 (세)

'다른 가치관'에 대한 유연성이 떨어지지 않았는가?

출처: 이시야마 노부타카, 퍼솔종합연구소(2017). 미들 & 시니어의 약진 실태조사.

태인지 모른다. 부디 이 기회에 자신의 '다이버시티 허용도'를 점검해보기 바란다.

나이에 집착할수록 궁지에 몰리게 된다

'나이에 따른 호칭 구별'을 중요하게 다루는 이유는 그것이 단순히 '말투'의 문제가 아니기 때문이다. 본질적인 문제는 **연령 바이어스**'다.

연령의 고하에 집착하는 관습은 상사, 부하 관계에 부정적 영향을 미칠 뿐 아니라 개인의 '정체감'으로까지 이어진다는 사실이 데이터를 통해 밝혀졌다.

퍼솔종합연구소가 실시한 '회사원 1만 명 취업, 성장 정점 조사 2018'에 따르면 "자신보다 젊은 상사 밑에서 일하는 것에 거부감을 느끼지 않는다"라고 응답한 미들 & 시니어기 회사원은 약 46퍼센트였다. 뒤집어 말하면 과반수의 미들 & 시니어기 회사원은 자신보다 젊은 상사와 일하는 것에 부정적 감정을 느낀다는 뜻이다. 특히 '입사한 지 오래된, 남성, 관리직'의 속성을 지닌 응답자에게서 이러한 경향이 두드러졌다.[17]

말로는 "나이는 상관없다"라고 해도 과거 자신의 부하였던 사람이 돌고 돌아 자신을 관리하고 평가하는 위치에 오면 역시나 복잡한 감정을 느낄 수밖에 없을 것이다.

이때 중요한 것은 그 복잡한 감정을 억누르는 것이 아니라 **'나이'**에 대한 집착을 버리고 상사와 부하라는 **'역할'에 집중하는 것**이다.

이 같은 방향 전환 없이 과거의 선후배 관계에서 벗어나지 못하면 결국 손해를 보는 것은 자신뿐이다. 해를 거듭할수록 자신보다 나이 어린 사람은 더욱 늘어날 수밖에 없기 때문이다. **나이에 집착하는 사람은 바로 그런 가치관 때문에 자기 자신을 '비주류'로 내몰게 된다.**

자신보다 젊은 상사와 충돌해 주위로부터 따가운 눈총을 받으며 운신의 폭이 좁아지면 결국 '자주력'을 상실하게 된다.

반대로 '나이에 대한 집착'을 말끔히 털어낸 사람, 즉 '젊은 직원과 잘 지낸다'는 행동특성이 강한 사람은 결과적으로 업무 퍼포먼스의 수치도 높게 나타났다.

그렇다면 '나이의 벽'을 뛰어넘기 위해서는 어떻게 생각하고 행동해야 할까?

다음은 이 점에 관해 살펴보자.

⟨⇒ REFLECTION

- 자신도 모르게 업무 상대의 '나이'를 의식하지는 않는가? 나이에 따라 호칭, 경어 사용 여부, 업무 의뢰 방식 등이 달라지지는 않는가?
- 현재 20대 초반에 불과한 신입사원이 10년 후 당신의 상사로 부임하는 상황을 상상해보라. 당신 안에서 '연령 바이어스'에 대한 거부감이 느껴지는가?

'철저히 반항하는 절대 아군'이 된다

'잘 지낸다=친밀하게 지낸다'가 아니다

"그렇다면 내일 당장 젊은 친구들과 한잔해야겠군!"

앞의 내용을 읽고 이렇게 생각한 사람이 있을지 모르겠다. 물론 좋은 인간관계를 맺는 것은 중요하지만 여기에서 말하는 '젊은 직원과 잘 지낸다'는 술친구가 되는 식의 개인적 '친밀함'보다는 업무상 '신뢰'를 쌓는다는 의미로 이해해야 한다.

[도표 3-4]를 보자. 우리의 PEDAL 행동을 좌우하는 요인 가운데 '상사 내지 동료와의 관계'에 초점을 맞춰 분석한 결과다.

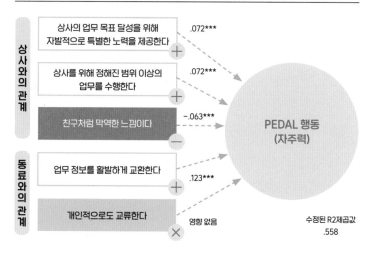

[도표 3-4] 자주력에 영향을 미치는 '상사, 동료와의 관계'

상사와의 관계

상사의 업무 목표 달성을 위해 자발적으로 특별한 노력을 제공한다 ＋ .072***

상사를 위해 정해진 범위 이상의 업무를 수행한다 ＋ .072***

친구처럼 막역한 느낌이다 － -.063***

동료와의 관계

업무 정보를 활발하게 교환한다 ＋ .123***

개인적으로도 교류한다 ✕ 영향 없음

PEDAL 행동
(자주력)

수정된 R2제곱값
.558

'친교'가 아닌 '업무상 소통'이 중요

주: 연령, 이직횟수, 근속연수를 등의 속성을 통제한 중회귀분석 결과. ***은 1% 수준, **은 5% 수준으로 통계적으로 유의함.
출처: 이시야마 노부타카, 퍼슬종합연구소(2017). 미들 & 시니어의 약진 실태조사.

　도표에서 알 수 있듯이 동료와 '개인적으로 교류하는 것'은 자주력을 높이는 데 그다지 도움이 되지 않는다. 또 상사와 친구에 버금가는 정도의 친밀한 관계를 맺는 것은 오히려 부정적 결과마저 초래한다. **함께 술을 마시고 휴일을 보내는 관계를 맺는다 하더라도 '자주력'은 높아지지 않는다.**

　자주력을 높이는 데 효과적인 것은 동료와 '업무상 정보'를 교환하는 것이다. 즉 교류를 하되 **업무와 관련된 교류**를 하는 것이다.

구성원 개개인의 다양한 배경을 인정하는 요즘은 퇴근 후 다 함께 어깨동무하고 술집으로 향하는 일이 과거처럼 쉽지 않다.

그래서 **개인적 교류에 의존하지 않아도 업무상 정보를 충분히 교환할 수 있는가**가 중요한 관건이 됐다.

그렇다면 나이에 연연하지 않고 업무상 정보를 교환할 수 있는 신뢰관계를 구축하려면 어떻게 해야 할까? 지금부터는 상사와 부하의 관계에 초점을 맞춰 '나이의 벽'을 초월하기 위해 필요한 것이 무엇인지 살펴보기로 하자.

'연령 역전'으로 인해 직면하게 되는 '엇갈림'

앞에서 말한 것처럼 '직위와 연령의 역전'은 더는 보기 드문 현상이 아니다. 그리고 이 지점에서 다양한 '엇갈림'이 발생한다.

이쯤에서 과거 선배였던 다가미 씨를 후배로 맞이하게 된 관리자 야마시타 씨의 사례를 살펴보자.

야마시타 씨는 '선배부하'인 다가미 씨에게 지시를 내리고 잘못을 지적하기가 불편해 비교적 상대하기 쉬운 젊은 부하에게만 업무를 배정했다.

한편 다가미 씨는 '어째서 나에게는 일을 맡기지 않는 걸까……?' 하고 의아하게 생각했다. 야마시타 씨는 선배의 경력을 존중해 가능한 한 자율적으로 일하도록 배려한 것이었으나 다가미 씨로서는 무시당한다는 느낌마저 들었다.

그래서 그는 큰맘 먹고 이렇게 말했다.

"어이, 야마시타! 혹시 나를 배려하느라 그러는 거야? 나는 이제 자네 부하잖아. 편하게 일을 시켜도 돼!"

야마시타 씨는 그제야 안심한 듯 "다가미 씨, 고맙습니다!" 하고 고개를 끄덕였다. 그리고는 다른 젊은 직원들에게 하듯 다가미 씨에게도 업무를 맡기기로 약속했다. 그리하여 두 사람 사이의 어색함이 해소되는 듯 보였다.

그러나 이때부터 두 사람은 사소한 일로 충돌하기 시작했다.

"이봐, 야마시타! 리더가 돼서 그런 것도 모르고 말이야! 내가 가르쳐준 건 다 잊어버린 거야?"

이후 두 사람의 관계는 전보다 훨씬 나빠졌다.

야마시타 씨는 금방이라도 터질 듯한 폭탄을 대하듯 다가미 씨와 거리를 뒀다. 결국 다가미 씨는 팀에서 고립됐고 의욕을 상실했다. 그 결과 팀 전체 분위기도 가라앉았다.

'그 친구, 관리자로서는 아직 멀었다…….'

어떠한가? '직위와 연령의 역전'으로 인해 이 같은 엇갈림이 발생한다는 점은 데이터를 통해서도 알 수 있다.

[도표 3-5]는 미들 & 시니어기 회사원에게 '상사의 관리방식'에 관해 물은 결과다. 이때 상사가 응답자보다 '연상'인지 '연하'인지를 기준으로 '상사에 대한 평가의 차이'를 비교했다. 차이가 큰 순서대로 상위 3위를 열거하고 유일하게 반대 결과가 나온 항목을 도표에 추가했다.

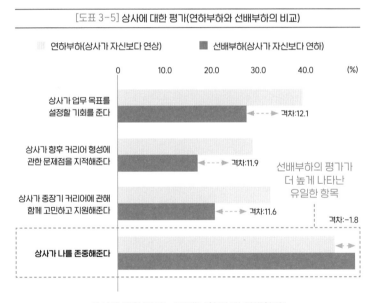

[도표 3-5] 상사에 대한 평가(연하부하와 선배부하의 비교)

상사에 대한 평가는 '선배부하'가 더 인색하다!

출처: 이시야마 노부타카, 퍼솔종합연구소(2017). 미들 & 시니어의 약진 실태조사.

평가 격차가 가장 큰 항목은 '상사가 업무 목표를 생각할 기회를 부여한다'였다. 이 밖에도 대부분의 항목에서 '나이 어린 상사'가 더 낮은 평가를 받았다.

즉 상사의 나이가 자신보다 적을수록 더 큰 불만을 느끼는 것이다. 근소한 차이지만 나이 어린 상사에 대한 평가가 더 높게 나타난 항목이 하나 있었다. 그것은 '나를 존중해준다'였다.

'나이 어린 상사'를 둔 사람은 그 관리방식에 부족함을 느끼면서도 **상사가 자신을 어려워하는 부분은 긍정적으로 평가**한 것이다.

그러나 이 같은 '존중 ≒ 어려움'이야말로 앞에서 이야기한 '엇갈림'의 원인이라면 과연 이를 어떻게 극복해야 좋을까?

선배이기에 더욱더 '팔로워십'을 갖춰야 한다

야마시타 씨와 다가미 씨의 에피소드에서 누구에게 문제가 있는지 따지는 것은 의미가 없다. '연령 바이어스'에 사로잡힌 다가미 씨가 선후배 관계를 들먹인 것도 옳지 않고, 야마시타 씨 또한 상사로서 더 좋은 리더십을 발휘했어야 한다.

즉 두 사람 모두 조금씩 다가설 필요가 있는 것이다.

이에 다음 두 가지 관점에서 생각해보고자 한다.

1 '선배부하'에게 요구되는 것 — 팔로워십

2 '후배상사'에게 요구되는 것 — 리더십

먼저 **1**에 관해 생각해보자. 앞서 살펴본 바와 같이 자신보다 젊은 사람을 상사로 둔 사람, 즉 '선배부하'는 상사의 관리방식에 만족하지 못하는 경향이 있다. 물론 실제로 그 상사가 관리자로서 아직 미숙할 수도 있다.

그러나 부족한 점만 눈에 들어오는 것은 '연령 바이어스' 때문은 아닐까? 그 '후배상사'가 풋내기였던 시절을 기억하고 있거나 성장 과정에서 저지른 실수를 목격한 탓에 '미숙하다'는 편견을 갖게 됐는지도 모른다.

그렇다면 그보다 더 많은 경험을 쌓은 우리가 먼저 손을 내밀어야 하지 않을까? "그 친구는 관리자에 어울리지 않는다", "그 친구의 리더십은 허점뿐이다"라고 비판하기 전에 우리가 먼저 건설적으로 행동할 수는 없을지 돌아볼 필요가 있다.

순순히 따르기만 하는 것은 '진정한 팔로워'라고 할 수 없다

그 관건이 되는 것이 **팔로워십**이다. 조언자, 참모, 오른팔, 조력자……. 뛰어난 리더는 뛰어난 팔로워에 의해 키워진다. 상사의 지시에 순종하는 것만이 팔로워의 역할은 아니다. 자신보다 젊은 상사를 둔 '선배부하'는 그에 걸맞은 팔로워십을 갖춰야 한다.

미국 카네기멜론대학교의 로버트 켈리(Robert E. Kelly) 교수는 팔로워십의 행동모델을 다섯 가지로 분류했다.[18] [도표 3-6]은 이를 '공헌력'과 '비판력'을 기준으로 한 매트릭스로 나타낸 것이다.

'팔로워'라고 하면 리더의 뜻을 거스르지 않는 **'추종자'**를 먼저 떠올리는 사람도 있을 것이다. 그러나 켈리 교수는 "이 같은 팔로워는 지나치게 순종적인 나머지 조직과 자기 자신을 부정적인 방향으로 이끈다"라고 말한다.

[도표 3-6] 팔로워십의 5가지 유형

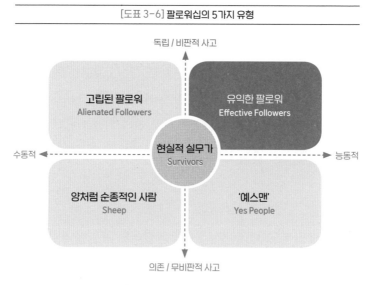

'덮어놓고 비판하는 것'도 '무조건 순종하는 것'도 옳지 않다

출처: Kelley, R. E(1988). In Praise of Followers, Harvard Business Review, 66(6), 142-148.을 바탕으로 저자 작성

리더에게 도움이 되는 팔로워는 공헌력뿐 아니라 적절한 비판력도 함께 갖춘 사람이다. 수동적으로 지시를 수행하는 **고립된 팔로워**가 아니라 할 말은 분명히 하면서도 리더의 절대 아군이 돼주는 사람이야말로 리더와 조직에 **유익한 팔로워**다.

리더에게는 '철저히 반항하는 절대 아군'이 필요하다

'이상적인 팔로워'에 대해 일본 릿쿄대학 대학원 우메모토 다쓰오(梅本 龍夫) 특임교수는 **'리더에게 철저히 반항하는 절대 아군'**이라고 명쾌하게 정의했다.[19] 스타벅스커피가 일본에 진출할 당시 론칭 프로젝트의 총책임을 맡았던 우메모토 교수는 동사의 팔로워십을 가장 가까이에서 지켜봤다.

스타벅스 창업자로 이름을 알린 사람은 하워드 슐츠(Howard Schultz)지만, 임원 중 한 사람이었던 하워드 비하르(Howard p.Behar)가 없었다면 지금과 같은 성공은 불가능했을 것이다. 비하르는 그야말로 '슐츠에게 철저히 반항하는 절대 아군'이었다.

그는 소박한 현장주의자로 카리스마 넘치는 슐츠와는 정반대 성향의 인물이다. 커피의 매력에 흠뻑 취해 있던 슐츠를 상대로 비하르는 "스타벅스는 '커피 비즈니스'가 아닌 '피플 비즈니스'다"라고 끊임없이 설득했다. 즉 사람들에게 멋진 경험을 제공하는 것이 그들의 최종 목표고 커피는 그 수단이라는 것이다.

그는 리더인 슐츠의 비전을 현실화하는 임무를 충실히 수행하는 동시에 그의 시야를 넓히는 고언을 마다하지 않았다. 슐츠와 비하르, 두 명의 하워드가 각각 리더와 팔로워로서 서로 신뢰를 쌓으며 절차탁마한 덕분에 시애틀의 작은 커피숍은 세계적 기업으로 비약할 수 있었다.

'선배부하'가 된 사람은 비하르처럼 **리더의 절대 아군인 동시에, 단순히 지시에 순종하기만 하는 것이 아니라, 한발 더 나간 아이디어를 적극적으로 제시하는 역할**을 수행해야 한다.

베테랑 사원에게 더욱 효과적인 '1 on 1' 커뮤니케이션

이상적인 팔로워십의 절대 조건은 '정기적인 커뮤니케이션'이다.

다만 술자리가 아닌 업무 현장에서의 대화여야 한다는 점은 앞에서 살펴본 바와 같다(126페이지).

그렇다고 해서 '선배부하'가 사소한 것까지 일일이 보고하는 것도 서로에게 성가신 일이다. 실제 분석 데이터를 통해서도 이를 확인할 수 있다.

[도표 3-7]은 상사의 관리방식이 미들 & 시니어기 직원의 자주력에 어떤 영향을 미치는지 분석한 결과다.

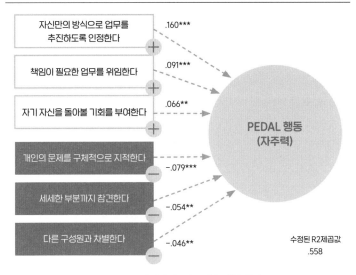

[도표 3-7] 자주력에 영향을 미치는 '상사의 관리방식'

자신만의 방식으로 업무를 추진하도록 인정한다 .160***

책임이 필요한 업무를 위임한다 .091***

자기 자신을 돌아볼 기회를 부여한다 .066**

개인의 문제를 구체적으로 지적한다 -.079***

세세한 부분까지 참견한다 -.054**

다른 구성원과 차별한다 -.046**

PEDAL 행동 (자주력)

수정된 R2제곱값 .558

'마이크로 매니지먼트'는 역효과를 낸다

주: 연령, 이직횟수, 근속연수를 등의 속성을 통제한 중회귀분석 결과. ***은 1% 수준, **은 5% 수준으로 통계적으로 유의함.
출처: 이시야마 노부타카, 퍼슬종합연구소(2017). 미들 & 시니어의 약진 실태조사.

'개인의 문제를 구체적으로 지적한다', '세세한 부분까지 참견한다'와 같은 **마이크로 매니지먼트는 개인의 자주력에 오히려 부정적 효과를 초래한다**는 것을 알 수 있다.

또 선배라고 해서 다른 구성원과 차별을 두는 것도 정작 본인에게는 도움이 되지 않는다. 특별한 대우를 하기보다는 다른 구성원과 평등하게 대하며 일정한 재량권을 부여함으로써 '자율적인 업무방식을 인정하는 것'이 풍부한 경험을 지닌 선배부하를 관리할 때의 기본이다.

이에 최근 다수의 기업에서 도입하고 있는 것이 '1 on 1' 커뮤니케이션이다. 이는 자유로운 주제로 짧은 일대일 면담을 하는 것이다. 상사와 부하 간의 원활한 커뮤니케이션을 통해 신뢰를 높이는 효과가 있는 것으로 알려져 최근 널리 확산되고 있다.

만약 당신이 '선배부하'의 입장이라면 부디 '1 on 1' 커뮤니케이션을 실천해보기 바란다. 비판적인 의견은 어디까지나 상사와 일대일로 만나는 자리에서 구체적으로 전달하고 다른 구성원과 함께 있는 자리에서는 '리더의 절대 아군'이 되는 것이다. 이렇게 하면 야마시타 씨와 다가미 씨 사이에 있었던 것과 같은 엇갈림을 최소한으로 억제할 수 있을 것이다.

직장에 '1 on 1' 커뮤니케이션 제도가 없다 하더라도 비공식으로도 얼마든지 실천할 수 있다. 처음에는 "무얼 새삼스럽게……"라는 생각이 들 수도 있지만 시간이 흐를수록 차츰 익숙해질 것이다.

후배상사가 당신을 어려워할 수도 있으므로 당신이 먼저 "매주 월요일 11시에 15분 정도 대화를 나눌 수 있을까요?" 하고 제안해보라. 또는 이 책을 보여주며 "여기에 실린 '1 on 1' 커뮤니케이션을 한번 시도해보면 어떨까요?" 하고 말을 꺼내는 것도 좋은 방법 이다.

REFLECTION

- 상사가 보기에 팔로워로서 당신은 '켈리의 5가지 유형'(132페이지) 중 무엇에 해당한다고 생각되는가? 자신의 팔로워십에는 어떤 개선의 여지가 있는가?
- 당신의 직장에 '선배부하'의 관리에 어려움을 느끼는 관리자가 있는가? 어떤 점을 개선하면 두 사람의 관계가 좋아질 것이라고 생각되는가?

술자리에 의존하지 않고 '나다움'을 보여준다

뛰어난 리더는 '상황에 맞는 리더십'을 발휘한다

앞에서 '선배부하'가 갖춰야 할 이상적인 팔로워십을 살펴봤다. 이것이 생각보다 어렵게 느껴질지도 모르지만 한편으로는 희망적인 데이터도 있다.

[도표 3-8]은 '젊은 직원과 잘 지낸다'는 행동특성을 보이는 사람의 '경험'에 초점을 맞춘 데이터다. 과연 어떤 경험을 쌓아야 젊은 직원들과 잘 지낼 수 있을까?

표를 보면 알 수 있듯이 '자신보다 젊은 상사와 함께 일한 경험'이 2위를 차지했다. 즉 '선배부하로서의 경험'이 젊은 직원들과 잘 지내는 밑거름이 되는 것이다.

순위	항목	영향도 (β)
1	자격 취득을 목적으로 하는 학습	.086
2	**자신보다 젊은 상사 밑에서 일한 경험**	**.080**
3	연수 수강(세컨드 커리어 플랜 설계)	.050
4	지역 활동(PTA, 지자체 활동 등)	.047
5	사외 스터디, 교류회	.045

'선배부하의 경험'이 연령의 벽을 무너뜨린다

주: 연령, 이직횟수, 근속연수를 등의 속성을 통제한 중회귀분석 결과. 모두 5% 수준으로 유의함.
출처: 이시야마 노부타카, 퍼슬종합연구소((2017). 미들 & 시니어의 약진 실태조사.

물론 직위와 연령의 역전으로 인한 엇갈림을 방지할 책임이 '선배부하'에게만 있는 것은 아니다. **후배상사도 한 걸음 다가설 필요가 있다.**

그리고 그 방법 또한 우리와 무관하지 않다. 미들 & 시니어기에도 선배를 부하로 두는 경우가 드물지 않으며, '선배부하'와 잘 지내는 방법을 알아두면 언젠가 자신이 그 입장이 됐을 때도 분명 도움이 될 것이다.

이에 이번에는 입장을 바꿔 자신이 '후배상사'가 됐을 때 유의할 점을 살펴보자.

"아니, 과거에 상사였든 선배였든 부하는 부하지요. 특별히 대우할 필요는 없지 않겠습니까?"

물론 이렇게 생각하는 사람도 있을 것이다. 요컨대 '관리직답게 일관된 리더십을 보여야지 부하를 차별해서는 안 된다'는 뜻일 것이다.

이 같은 생각이 일리 있다고 느껴질지 모르지만, 학술적 연구 결과는 **리더십에는 몇 가지 유형이 있으며 뛰어난 리더는 상황에 따라 리더십을 '전환'할 줄 안다**고 알려준다. 이를 **'상황 대응 리더십'**이라고 부른다.[20]

'당근과 채찍'은 더는 통하지 않는다

리더십에는 "아무튼 이 일을 처리해주세요" 하고 강제하거나 "이 일을 잘 처리하면 높은 평가를 받을 것입니다" 하고 보상하는 방식으로 부하의 행동에 영향을 미치는 유형이 있다.

승진 또는 높은 평가라는 보상을 받기 위해 부하는 최선을 다해 지시를 수행하고 목표를 달성한다. 이처럼 상사와 부하 사이에 일종의 거래가 성립한다는 점에서 이를 **'거래형 리더십'**(Transactional Leadership)이라고 한다.[21]

그러나 이 같은 '당근과 채찍' 유형의 리더십이 방식이 미들 & 시니어기 직원에게 얼마나 효과적일지는 의문이다.

'승진의 덫'(25페이지)과 '포스트 오프의 골짜기'(27페이지)의 결과더는 출세와 승진이라는 보상이 효력을 발휘하지 못하는 시대가 됐기 때문이다. 리더가 아무리 눈앞에서 '당근'을 흔들어대도 부하는 꿈쩍하지 않는다.

또 자신의 선배였던 부하로부터 "어려워 말고 일을 맡겨달라!"라는 말을 곧이곧대로 믿은 결과 충돌이 발생했던 야마시타 씨의 일화만 보더라도 '무조건 평등하게 대하는 것' 또한 능사는 아니라는 것을 알 수 있다.

그렇다고 해서 "목표를 달성하십시오. 그렇지 않으면……" 하고 '채찍'을 드는 방법은 연령 바이어스가 있는 경우 최악의 결과를 초래할 수 있다.

물론 거래형 리더십이 무효하다는 뜻은 아니다. 자신의 성과를 상사에게 제대로 평가받는 것 또한 중요하다. 이 같은 보상 덕분에 좋은 결과를 내는 부하도 있을 것이다.

그러나 적어도 미들 & 시니어기의 부하를 상대하는 경우에는 보상에만 의존하는 방식은 리스크가 크다. 리더는 상대가 누구인지에 따라 그에 맞는 리더십으로 전환할 줄 알아야 한다.

경력이 긴 부하에게는 '있는 그대로의 모습'을 보여준다

미들 & 시니어기의 부하를 대할 때 힌트가 되는 것이 **'자연체 리더십'**(Authentic Leadership)이다. [22] 이는 '자신이 어떤 사람인지', '어떤 가치관을 가지고 있는지' 하는 '진정한 자신의 모습'을 있는 그대로 보여주는 리더십을 의미한다. **'자기다운 리더십', '진정 리더십'**으로 바꿔 부르기도 한다.

리더가 된 사람은 정도의 차이는 있지만 '리더답게 행동해야 한다'는 강박을 느낀다. 그리고 연령 바이어스가 존재하는 경우 이것이 엉뚱한 방향으로 작용하기도 한다.

선배부하로부터 "어려워 말고 일을 맡겨달라!"라는 말을 들은 야마시타 씨도 같은 생각에 사로잡혀 있었을지 모른다.

'신입사원 시절 다가미 씨는 내 선배였다. 하지만 지금은 내 부하다. 언제까지나 선배 대접을 할 수는 없다. 리더답게 그를 대해야 한다!'

이 같은 고민 끝에 야마시타 씨는 '상사'라는 갑옷을 몸에 두르고 후배의 그림자를 감추려 했을 것이다.

그러나 그것이 오히려 다가미 씨에게는 '억지스러운 리더 행세'로 비친 듯하다. 야마시타 씨의 풋내기 시절을 알고 있는 다가미 씨로서는 약점을 꼭꼭 숨긴 채 강한 리더를 '연기'하는 그의 모습이 거북하게 느껴졌을 것이다.

야마시타 씨에게 필요한 것은 '리더의 가면'이 아니라 진정한 자신의 모습을 있는 그대로 보여주는 것 아니었을까?

'나이를 초월하는 것 = 단순한 친밀함'이 아니다

'직위가 높아지면 약한 모습을 보여서는 안 된다'는 생각은 착각이다.

야마시타 씨도 "제가 선배님의 상사가 됐지만 아직 모르는 것이 많습니다. 많이 가르쳐주세요", "선배님, 이 문제 때문에 고민인데 함께 의논할 수 있을까요?" 하고 지금까지와 마찬가지로 다가미 씨를 대했더라면 좋았을 것이다.

다른 구성원 앞에서 '후배의 얼굴'을 보이는 것이 껄끄럽다면 앞에서 이야기한 '1 on 1' 커뮤니케이션을 활용하는 것도 하나의 방법이 될 수 있다. 이를 정리하면 다음과 같다.

- 선배부하 — 과거의 선후배 관계에 연연하지 말고 팔로워의 역할을 충실히 수행한다. 상사에 대한 제안은 '1 on 1'을 이용하고 다른 구성원과 함께 있을 때는 '절대 아군'이 된다.
- 후배상사 — 과거의 선후배 관계를 외면하지 않는다. 선배부하와 의논할 일이 있으면 '1 on 1'을 이용하고 다른 구성원과 함께 있을 때는 '자연체 리더십'을 보여준다.

이 둘은 언뜻 모순된 것처럼 보이지만 실은 이상적인 해결책은 그 중간에 있다. 서로 한 걸음씩 다가서며 균형점을 찾아야 한다.

'나이를 초월해 젊은 직원과 잘 지내는 것'은 '나이를 무시하고 평등한 관계를 맺는 것'과는 다르다.

외국계 기업이라면 나이를 무시하는 것이 가능할지 모르지만 전형적인 일본 기업에서 일하는 사람에게 "나이 따위 신경 쓸 필요 없다!"라는 조언은 현실적인 처방전이 될 수 없다. 앞으로 나아가기 위해서는 조금 답답하더라도 차근차근 단계를 밟아야 한다.

리플렉션 시트를 이용한 '자기 공개'

자신보다 나이 많은 부하를 거느리게 됐을 때는 '진정한 자신의 모습'을 보여주는 리더십이 바람직하다고 이야기했다.

그렇다면 구체적으로 무엇을 어떻게 해야 진정한 자신의 모습을 보여줄 수 있을까? 과거에는 '술자리'가 리더의 '자기 공개'의 장이 되곤 했으나 현대 사회에서는 여러 가지 이유로 그것이 쉽지 않게 됐다.

이에 내가 적극 추천하는 방법은 110, 111페이지에서 소개한 '리플렉션 시트'를 이용하는 것이다. 즉 선배부하와 후배상사가 서로의 리플렉션 시트를 교환하는 것이다. 만약 '1 on 1' 커뮤니케이션을 시작했다면 이를 활용할 수도 있다.

프라이버시가 신경 쓰인다면 '라이프' 항목을 제외하고 '커리어' 부분만 공개해도 좋다.

아무리 오랜 세월 동고동락한 선후배 사이라 해도 의외로 서로에 관해 잘 알지 못한다. 특히 후배는 선배의 경력을 모두 알기 어렵다. 시트를 교환하면 서로의 관심사와 직업능력을 한눈에 파악할 수 있다.

"선배님, 신입사원 시절에 7년이나 홍보부에서 일하셨어요?"
"서른 살에는 사장상을 받으셨네요? 대단하세요!"
"제가 입사했을 때가 큰 아드님이 태어난 직후였군요."

선배 또한 후배가 걸어온 길을 모두 기억할 수는 없다.

"아, 그렇지. 처음 입사했을 때 법인영업부에 배정됐었지."
"벌써 관리직 5년 차인가? 이제 아주 익숙해졌겠네."
"아니, 마흔 살부터 매주 조깅을 하고 있어? 대단하네!"

이처럼 리플렉션 시트를 이용하면 있는 그대로의 자신의 모습을 압축해 보여줄 수 있다. 어쩌면 그동안 감춰져 있던 선배의 강점을 발견할지도 모른다. 부디 리플렉션 시트를 이용한 '1 on 1'을 실천해보기 바란다.

REFLECTION

- 당신의 직장에는 '리더다운 모습'을 보이려고 애쓰는 관리자가 있는가? 반대로 관리자가 되고 나서도 '있는 그대로의 모습'을 보여주는 사람이 있는가? 각 리더가 어떤 행동을 하는지 떠올려보자.
- 당신은 당신의 상사 또는 부하의 경력에 관해 얼마나 알고 있는가? 대강의 흐름을 설명할 수 있는가?

CHAPTER 4

자신의 입지를 확보한다

[Associate]

지금부터 할 수 있는 일 15

'해결책'이 아닌 '해결사'를 알려준다

'흠, 왠지 팀에서 겉도는 기분인데……?'

20대 신입사원 고바야시 씨가 같은 팀원인 오카와 씨를 찾아왔다. 오카와 씨는 50대 미들 & 시니어 사원. 얼마 전까지 다른 부서의 과장이었으나 포스트 오프로 과장직에서 내려와 현재 팀으로 이동했다. 여기서는 경험이 가장 풍부한 베테랑 사원이다.

"오카와 님, 실례합니다. 부장님께서 A사에 제출할 자료를 정리하라고 하셨는데, 예전에 A사의 경쟁사인 B사 안건을 담당하셨지요? 혹시 괜찮으시다면 그때 자료를 볼 수 있을까요?"

고바야시 씨의 말대로 오카와 씨는 업계 최대 규모를 자랑하는 B사를 담당하던 영업부 에이스였다. 오랜만에 후배로부터 도움을 요청받은 오카와 씨는 왠지 어깨가 으쓱해졌다.

"아, 그 안건! 그때는 말이야……."

오카와 씨는 해당 안건이 시작된 경위부터 경쟁사와의 대결이 얼마나 고생스러웠는지, 어떤 아이디어로 승리를 쟁취했는지 등등 평소 과묵한 그답지 않게 끊임없이 이야기를 쏟아냈다. 신이 난 오카와 씨와는 달리 고바야시 씨의 표정은 점점 어두워졌다.

"아, 그렇지. 자료 보여달라고 했지? 자, 여기!"

오카와 씨는 내심 말이 너무 길었던 것 아닌가 걱정도 됐지만 자료를 받아든 고바야시 씨가 웃는 얼굴로 인사하는 모습에 마음이 놓였다. 그러나 그후 고바야시 씨가 오카와 씨를 찾아오는 일은 두 번 다시 없었다. 그뿐 아니라 최근 오카와 씨는 어쩐지 팀에서 겉도는 느낌마저 든다.

분명 밀려드는 업무를 처리하느라 바쁜 나날을 보내고는 있지만 "팀의 일원으로서 없어서는 안 될 존재인가?"라고 묻는다면 선뜻 대답하기 어렵다.

회사원은 고독해지기 마련이다

앞에서 '젊은 직원과 잘 지낸다'는 행동특성에 관해서는 주로 '상사와 부하의 관계'에 주목했다. 그만큼 무시할 수 없는 것이 조직, 부서, 팀 내에서의 '유대관계'다.

특히 '동기문화'가 깊이 뿌리내린 일본 기업에서는 미들 & 시니어기에 접어들면 고독해질 수밖에 없는 구조가 형성돼 있다. 동기 간 '일렬횡대' 의식이 명확했던 젊은 시절이 지나고 40대에 이르면 어느새 '격차'가 발생한다.

순조롭게 승진하는 사람과 평사원에 머무는 사람, 부하가 있는 사람과 없는 사람, 꾸준히 성과를 내는 사람과 그렇지 못한 사람……. 이 같은 차이로 인해 동기들과 점점 소원해진다.

그리고 횡적 유대가 강한 만큼 종적 커뮤니케이션, 즉 다른 세대와의 소통을 어려워한다. 그 결과 우리는 나날이 고독해지고 오카와 씨처럼 자신의 자리를 점점 잃어버리고 만다.

정체감은 '입지감'이 좌우한다

조사 데이터 또한 미들 & 시니어기를 맞이한 사람은 "팀 내에 내 자리가 확고하다"라고 느끼지 못하는 실태를 보여준다. 자신의 입지에 대한 감각을 '입지감'이라고 부르기로 하자.

[도표 4-1]을 보라.

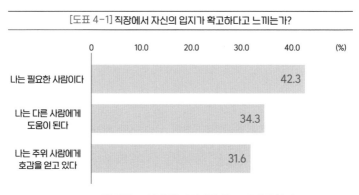

[도표 4-1] 직장에서 자신의 입지가 확고하다고 느끼는가?

| | 0 | 10.0 | 20.0 | 30.0 | 40.0 | (%) |

나는 필요한 사람이다 — 42.3

나는 다른 사람에게 도움이 된다 — 34.3

나는 주위 사람에게 호감을 얻고 있다 — 31.6

60~70%의 미들 & 시니어는 '입지감'을 느끼지 못한다?!

출처: 이시야마 노부타카, 퍼솔종합연구소(2017). 미들 & 시니어의 약진 실태조사.

60~70퍼센트에 이르는 사람이 직장에서 자신의 '입지'가 좁아짐을 느끼고 있다.

"설령 입지가 좁아졌다 하더라도 담담하게 자기 일을 하면 되는 것 아닌가?"라고 생각할 수도 있다.

그러나 간과해서는 안 되는 것이 **입지감이 업무 퍼포먼스에도 영향을 미친다**는 사실이다.

[도표 4-2]는 입지감을 몇 가지 항목으로 수치화[23]한 후 이를 미들 & 시니어의 5가지 유형(51, 52페이지)으로 비교한 결과다. 예상대로 업무 퍼포먼스가 높은 유형은 입지감도 높게 나타났다. 반대로 업무 퍼포먼스가 가장 낮은 '불활성 유형'의 입지감은 '하이퍼포머 유형'의 절반에도 못 미쳤다.

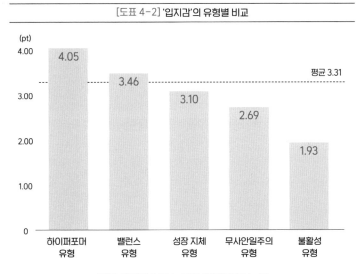

[도표 4-2] '입지감'의 유형별 비교

(pt)

| 하이퍼포머 유형 | 밸런스 유형 | 성장 지체 유형 | 무사안일주의 유형 | 불활성 유형 |
| 4.05 | 3.46 | 3.10 | 2.69 | 1.93 |

평균 3.31

업무 퍼포먼스가 높으면 '입지감'도 높다

출처: 이시야마 노부타카, 퍼솔종합연구소(2017). 미들 & 시니어의 약진 실태조사.

다른 연구에서도 '입지감'이라는 주관적 감각뿐만 아니라 인재 간 네트워크(이를 **'소셜 캐피탈', 즉 '사회관계자본'**이라고 한다) 또한 승진 속도, 근속 연수 등 개인의 퍼포먼스에 영향을 미친다는 사실이 밝혀졌다. [24]

개인의 능력을 끌어내 팀과 조직의 성과로 연결하기 위해서는 역시나 기업 내 네트워크를 견고히 하고 입지감을 높이는 행동이 필요하다. 이것이 자주력을 높이는 네 번째 PEDAL 행동인 '자신의 입지를 확보한다 [Associate]'다.

일본의 전통적 기업에서는 미들 & 시니어기에 이르러 이 같은 유대가 단절돼 퍼포먼스를 충분히 발휘하지 못하는 상태에 빠지는 경우가 있다. 이른바 '구석자리 사원(窓際社員)' 또는 조금 과격한 표현이지만 **사내 고독사**'라고 불리는 상태다.

이는 기업으로서도 중대한 기회 상실로 이어지지만, 평생에 걸쳐 쌓은 지식과 기술을 충분히 발휘하지 못한 채 정년을 맞이하는 것은 본인에게도 대단히 안타까운 일이다.

이토록 중요한 '입지감'을 높이려면 무엇을 어떻게 해야 할까?

'사교성'만으로는 '사내 고독사'를 면할 수 없다

다시 한번 말하지만 퇴근 후 술자리를 갖거나 회사에서 잡담을 나누는 것만으로는 자주력을 높일 수 없다(126페이지).

그렇다고 해서 이러한 행동이 특별히 부정적 효과를 내는 것도 아니므로 개인적 교류를 당장 멈춰야 할 필요는 없다. 특히 젊은 세대는 나이 많은 세대를 멀리하는 경향이 있으므로 우리가 먼저 허물없이 다가가는 것은 그만한 가치가 있다.

그러나 여전히 개인적 교류만으로 입지감을 높이려는 행동에는 강한 의문이 든다.

미들 & 시니어의 5가지 유형 가운데 '무사안일주의 유형'은 대다수가 어려워하는 '젊은 직원과 잘 지낸다'의 점수가 유독 높게 나타나는 특징이 있다. 이 유형은 보직이 없거나 부하 없는 관리직을 맡은 사람에게서 주로 나타낸다.

업무 면에서는 이렇다 할 성과가 없지만 사내 행사에서는 분명한 존재감을 드러내는 베테랑 사원을 떠올리면 된다.

주변과의 마찰도 적고 특히 젊은 구성원과 원만한 관계를 유지하는 것이 이 유형의 장점이지만, 다른 행동특성의 점수가 높지 않아 업무 퍼포먼스는 낮은 편이다.

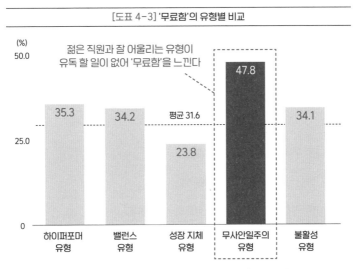

[도표 4-3] '무료함'의 유형별 비교

젊은 직원과 잘 어울리는 유형이
유독 할 일이 없어 '무료함'을 느낀다

(%)
50.0

47.8

35.3   34.2   평균 31.6   34.1

25.0

23.8

0

하이퍼포머   밸런스   성장 지체   무사안일주의   불활성
유형   유형   유형   유형   유형

'사교성'이 좋은 것만으로는 '입지'를 확보할 수 없다

출처: 이시야마 노부타카, 퍼솔종합연구소(2017). 미들 & 시니어의 약진 실태조사.

더욱 흥미로운 점은 "어쩐지 할 일이 없어 무료하다"에 관한 데이터[도표 4-3]다.

무사안일주의 유형은 다른 유형에 비해 유독 높은 비율(47.8퍼센트)로 무료함을 느끼는 것을 알 수 있다.

단순한 친교만으로는 직장 내 입지를 확보하기 어려울 뿐 아니라 오히려 팀에서의 역할이 모호해지는 상태에 빠질 수 있다.

'사람을 잘 아는 것'은 최대의 강점 — 분산기억

'모든 사람과 격 없이 지내는 것'도 물론 중요하지만 직장 내 입지를 확고히 하기 위해서는 다른 노력도 필요하다. 그것은 무엇일까? 입지감이 높은 사람은 어떤 행동특성을 보일까? 네 번째 PEDAL 행동인 '자신의 입지를 확보한다 [Associate]'는 주로 다음 세 가지 하위 행동으로 구성돼 있다.

- 다른 부문과 적극적으로 교류한다
- 다양한 부류의 사람과 관계를 맺는다
- 다른 의견이나 주장을 적극적으로 수용한다

흥미로운 점은 '인간관계를 넓히는 것'뿐만 아니라 '다른 의견이나 주장을 적극적으로 수용한다'는 점이다. 직장에서 확고한 입지를 확보한 사람은 다양한 부류의 사람이 지닌 생각과 경험, 지식에 주목하며 이들을 잇는 이른바 **'허브적 행동'**을 보인다.

실제로 회사원으로 오랜 경력을 쌓은 사람의 강점 중 하나는 '누가 어떤 지식과 기술을 가지고 있는지' 알고 있다는 점이다. 이를 적절히 활용하면 우리의 입지감을 높일 수 있다. **'누가 무엇을 알고 있는가**(Who knows What)**'**에 관한 지식을 **'분산기억'**(Transactive Memory)이라고 한다. 이는 본래 사회심리학자 다니엘 웨그너(Daniel M. Wegner)가 제창한 개념으로 경제학 세계에서는 조직의 퍼포먼스에도 중요한 역할을 하는 것으로 알려져 있다.[25]

'기여한다'에서 '기여하게 한다'로 발상을 전환하자

본인이 직접 지식과 기술을 제공해 팀에 기여하는 것은 실로 훌륭한 일이다. 그러나 거기에 그치지 않고 **회사 내의 다른 자산을 과제와 '연결'하는 역할을 한다면 네트워크를 더 확장할 수 있다.** 이처럼 정보와 정보를 연결하는 '허브'로서 기능할 때 우리의 '입지감'은 크게 높아진다.

이를 서두에서 살펴본 오카와 씨의 사례에 대입해보자.

고바야시 씨의 부탁은 'B사 관련 자료를 보여달라'는 것이었다. 왕년의 에이스 오카와 씨가 가장 먼저 했어야 하는 일은 '무용담'을 늘어놓는 것이 아니라 요청받은 자료를 꺼내는 것이었다. 바로 이

대목이 잘못 끼워진 첫 단추라는 점은 누가 봐도 명백하다.

다만 이때 "자, 여기" 하고 자료를 건네는 것으로 대화를 끝낸다면 그 이상의 관계 발전은 기대하기 어렵다. 만약 오카와 씨가 이런 말을 덧붙였다면 어땠을까?

"법인영업부의 나카다 씨에게도 한번 물어보세요. 그분이 예전에 C사 안건을 담당했는데 이번 안건과 비슷하니 나카다 씨의 자료도 분명 도움이 될 겁니다."

이처럼 추가 정보를 제공했다면 상황은 크게 달라졌을 것이다. 오카와 씨 덕분에 고바야시 씨는 기대 이상의 소득이 있었을 뿐 아니라 나카다 씨와도 새로운 유대를 맺게 됐을 테니 말이다. 고바야시 씨는 혼자 해결하기 어려운 문제가 생기면 다시 오카와 씨와 의논했을 것이고 그 소문을 들은 다른 직원들도 오카와 씨를 찾아왔을지도 모른다.

이것이 바로 징검다리 역할을 하는 '허브적 행동'이다.

회사는 '허브 역할을 수행할 인재'를 갈망한다

이처럼 허브적 행동을 하는 사람을 **'지식중개자'**(knowledge-broker)라고 부른다. [26]

조직 내 어딘가에 잠들어 있는 지식과 정보를 그것이 꼭 필요한 사람에게 알려주는 지식중개자는 조직에서 다양한 네트워크를 강화하는 데 없어서는 안 될 존재다. 미들 & 시니어에게 요구되는 것은 이러한 지식중개자로서의 역할이다.

누군가로부터 도움을 요청받았을 때 '어떻게 해야 할지'를 가르쳐주기보다는 **'누가 무엇을 알고 있는지'를 알려주자.** 그러면 단순한 교류를 넘어 탄탄한 유대를 형성하게 될 것이다.

미들 & 시니어 세대의 이러한 행동은 회사의 관점에서도 매우 반가운 일이다.

[도표 4-4][27]는 "40, 50대 비관리직에게 기대하는 역할은 무엇인가?"라는 질문에 대한 기업 인사 담당자의 응답 중 '허브적 행동'에 해당하는 내용을 선별한 것이다.

보는 바와 같이 '조직의 다양한 구성원과 신뢰관계를 구축해 협업하는 역할'이 무려 60퍼센트를 차지했고, '회사 안팎의 관계자와 적절히 소통하며 인적 네트워크를 구축, 유지, 확대하는 역할'도 40퍼센트에 달했다.

그러나 이 같은 역할을 실제로 수행하고 있는 사람의 비율은 겨우 20퍼센트에 불과했다.

즉 허브적 행동을 하는 미들 & 시니어는 조직의 관점에서 매우

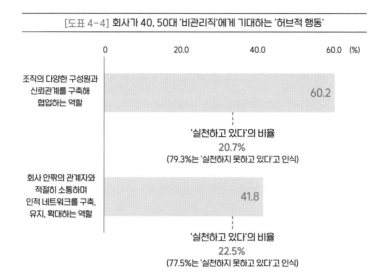

[도표 4-4] 회사가 40, 50대 '비관리직'에게 기대하는 '허브적 행동'

조직의 다양한 구성원과
신뢰관계를 구축해
협업하는 역할 **60.2**

'실천하고 있다'의 비율
20.7%
(79.3%는 '실천하지 못하고 있다'고 인식)

회사 안팎의 관계자와
적절히 소통하며
인적 네트워크를 구축,
유지, 확대하는 역할 **41.8**

'실천하고 있다'의 비율
22.5%
(77.5%는 '실천하지 못하고 있다'고 인식)

'지식중개자'로서 기대에 부응하고 있는가?

출처: 노동행정연구소(2016). 40대, 50대 사원의 과제와 역할에 관한 설문조사.를 바탕으로 저자 작성

희소가치가 높은 인재다. 지식중개자의 역할은 본인에게도 유익할 뿐 아니라 회사가 그토록 갈망하는 귀중한 인재가 되는 길임을 반드시 기억하기 바란다.

- '회사에 내 자리가 없다'고 느껴질 때가 있는가? 특히 어떤 때 그렇게 느끼는가?
- 지식중개자의 역할을 수행했던 경험을 떠올려보자. 그때 당신은 어째서 그렇게 행동했는가?

귀를 활짝 열고
경청한다

만약 아무도 나를 찾지 않는다면…….

우리가 회사에서 입지를 확보하기 위해서는 '지식중개자'가 돼야
한다고 이야기했는데, 다음과 같은 문제에 부딪히는 사람도 적지
않을 것이다.

"허브 역할을 하고 싶어도 아무도 나를 찾아오지 않는다……."

"도움을 요청받는다 해도 연결할 인맥이 없다……."

허브가 허브로서 기능하기 위해서는 그에 걸맞은 정보와 인맥
이 필요하다. 그러나 아무도 자신을 찾지 않는다면 'Who knows

What'을 전달할 기회 자체를 얻을 수 없다.

또 설령 도움을 요청받는다 하더라도 '누가 어떤 강점을 지니고 있는지' 알지 못하면 이 역시 지식중개자로서는 중대한 결격사유다. 이 같은 문제를 해결하기 위해서는 다음 두 가지 어프로치가 필요하다.

1 '상담에 응하는 기술'을 익힌다

2 '상담 네트워크'에 뛰어든다

개선이 필요한 '고민 상담 유형' 5가지

지금부터는 각 어프로치에 대한 처방전을 살펴보기로 하자.

먼저 ①'상담에 응하는 기술'과 관련해 짚어두고 싶은 것은 '아무도 자신을 찾지 않는 사람'은 그 이전 단계에 문제가 있을 가능성이 크다는 점이다.

업무상 문제에 부딪히면 대부분의 사람은 주위 사람과 의논한다. 우리는 **일상적 교류를 통해 '누구와 의논해야 유익한 정보를 얻을 수 있는지'** 학습한다.

풍부한 경험과 경력을 지니고 있음에도 이 같은 상담 네트워크에서 소외되는 사람은 평소 사소한 질문이나 도움을 요청받았을 때 무언가 '실수'를 저질렀을 가능성이 크다.

잘못된 방법으로 상담에 응하면 이후 더 중요한 상담 기회를 놓치게 되고 결국에는 '정보 교환의 고리'에서 배제된다. 그 결과 '사내 고독사'가 더는 남의 일이 아니게 된다.

이런 사태를 막으려면 상담을 요청받았을 때 자신이 했던 행동을 돌아보고 개선하는 것부터 시작해야 한다. 이에 우리가 저지르기 쉬운 실수 유형을 살펴보고자 하니 자신을 돌아보는 계기로 삼기 바란다.

● **"그래서, 답은⋯⋯?" 유형 — 질문에 대답하지 않는다**

Q "출장신청서를 쓰고 있는데 이 항목은 어떻게 작성해야 할까요?"

A "아, 그거! 나도 매번 헷갈리더라고. 우리 총무는 왜 이렇게 어렵게 만들었는지 몰라. 애초에 출장신청서가 왜 필요하냔 말이지. 안 그래?"

'상담 요청'이 아닌 '질문'을 받았으니 신속하게 '대답'을 하자. 내용을 잘 알지 못한다면 "미안하지만 나는 잘 모르는 내용이니 ○○ 씨에게 물어보세요"라는 한마디면 충분하다.

● **"참고로 그건 말이야⋯⋯" 유형 — 사족을 덧붙인다**

Q "○○사와의 계약서 원본 어디에 있나요?"

A "아, ○○사? 세 번째 서랍에 있어. 그 회사 정말 까다롭지? 내가 담당했을 때도 법무 담당이 서류 가지고 어찌나 트집을 잡던지. 그래

서 얼마나 골머리를 앓았는가 하면……."

'대답'은 신속하게 하지만 불필요한 이야기를 한없이 늘어놓는 유형이다.

질문한 사람은 속으로 '또 시작이군……'이라고 생각하지 않을까? 곧바로 자화자찬으로 이어지는 '어느새 무용담형', 도중에 잔소리로 넘어가는 '알고 보니 설교형' 등 기피 대상 1호로 여겨지는 부류다.

● "내 말이 정답!" 유형 — 자신의 지론을 강요한다

Q "광고 디자인 후보인데, A와 B 중 어느 쪽이 더 좋으세요?"

A "당연히 A지. B처럼 차가운 색을 사용하면 호감을 얻을 수 없어. B로 하면 무조건 실패야. A로 해야 돼."

질문자는 '어느 쪽이 더 좋은지'를 물었다. 단순히 의견을 구한 것인데 '정답'을 강요하면 상대는 난감해진다.

● "스스로 생각해봐" 유형 — 대답을 귀찮아한다

Q "다음 주 거래처와 식사 약속 어디로 가야 좋을까요?"

A "자네가 담당이니 알아서 해야지."

이 경우 역시 질문자가 원하는 것은 '정답'이 아니다. 차갑게 뿌리치지 말고 "일전에 회식했던 곳은 어떨까요?", "영업부 ○○ 씨가 좋은 식당을 많이 알고 있어요" 등 힌트를 제시해보자.

● '동문서답' 유형 — 끝까지 듣지 않고 엉뚱한 대답을 한다

Q "예전에 C사를 담당하셨지요? 제가 이번에 C사의 경쟁사인 D 사를 담당하게 됐는데요……."

A "아, C사 담당이라고? 거기 조금 까다로운데……. 그래도 그쪽 담당자인 ○○ 씨는 좋은 사람이니까 언제 한번 식사라도 해봐."

상대의 말허리를 자르고 자기 마음대로 해석한 후 엉뚱한 대답을 하고 있다. 잘못된 이해를 바탕으로 한 조언은 상대를 허탈하게 할 뿐이다. 여기에 "참고로 그건 말이야……"가 조합되면 그야말로 최악이다. 상대의 이야기에 끝까지 귀를 기울이자.

'상담 고수'가 하고 있는 일 두 가지

어떠한가?

혹시 자신의 이야기처럼 느껴지는 항목은 없었는가?

이해를 돕기 위해 다소 극단적인 예를 들었지만, 정도의 차이는 있어도 업무가 바쁠 때 무심코 저지를 법한 실수가 아닐까 한다.

이 같은 실수를 막기 위해 다음 두 가지를 기억하자.

1 '상담 요청'과 '질문'을 구별한다

2 해결의 '힌트'를 제공한다

예를 들어 "○○는 어디에 있나요?", "지난번 미팅 내용을 알려 주세요" 등은 명백한 '질문'이다. 단순한 질문에는 경험담이나 지론은 필요치 않다. 가능한 한 신속히 '대답'을 하자.

질문에 대한 대답의 가치는 '스피드'에 달렸다. 대면 질문을 받았을 때는 간결하고 쉬운 말로 대답하고, 메일로 질문을 받았을 때도 요점만 간략히 적어 회신한다. 이렇게 하면 상담 네트워크에서 좋은 평판을 얻을 것이다.

한편 "어떻게 해야 좋을까요?", "어떻게 생각하시나요?" 등은 '상담 요청'에 해당한다. 설령 상대가 '정답'을 원하는 눈치라 하더라도 이를 직접 제시하는 것은 바람직하지 않다. 특히 상대가 자신보다 어린 경우 "그건 이렇게 하는 것이 좋겠다"라는 조언은 자칫 자기 생각을 강요하는 것처럼 비칠 수 있다.

그보다는 **상대가 '자신만의 해답'을 찾아 나갈 수 있도록 '힌트'를 제공해보자.**

예를 들어 "이 기획 어떻게 생각하시나요?" 하고 의견을 구한다면, "예전에 이와 비슷한 기획안을 제출했을 때 부장님으로부터 이런 지적을 받았다" 등의 정보를 제공하는 것이다. 그러면 상대는 기획안을 제출하기 전에 보완할 점을 찾을 수 있을 것이다.

또 "이런 부류의 기획은 ○○ 씨가 잘 알고 있으니 한번 의논해보라" 하고 'Who knows What'을 알려주는 것도 효과적이다. 이 또한 해답을 찾는 데 도움이 되는 힌트를 제공하는 행동이다.

상대가 원하는 것은 '대답'이 아니다 ― '경청'과 '역질문'

끝으로, 상담을 요청한 사람이 기대하는 것은 '대답'이 아닐 수도 있다는 점을 기억하자.

이미 나름의 가설을 세운 상태에서 자기 자신을 납득시키기 위해 대화가 필요했을 뿐인지도 모른다. 테니스 선수가 '벽치기'를 하며 자신의 자세를 확인하는 것처럼……. 이때 요구되는 기술은 '**경청**'이다.

만약 '상대가 어느 정도 결론을 내린 상태'라고 판단되면 다음 세 가지에 충실하며 최선을 다해 귀를 기울이자.

● **호응**

"음, 음", "그렇군요", "그거 괜찮네요!"

● **복창**

🧑 상대 : "A 시장을 겨냥하고 싶어요",

🧑 나 : "A 시장을 노리는 건가요?"

● **환언**

🧑 상대 : "게다가 전년 대비 140퍼센트예요"

🧑 나 : "오, 1.5배에 가깝군요!"

이보다 한 단계 더 높은 기술로는 '**역질문**'이 있다.

예를 들어 "이 기획 어떤 것 같으세요?"라는 질문을 받으면 "누구에게 보여줄 기획인가요?", "차별화 포인트는 무엇인가요?" 하고 질문으로 응답하는 것이다.

상대는 역질문에 대답하는 동안 자신의 생각을 정리하게 된다. 상담 요청을 받았을 때는 '대답'이 아닌 '질문'으로 응한다는 점을 반드시 기억하자.

⟨➡ REFLECTION

- 당신의 직장에서 '상담 요청을 가장 많이 받는 사람'은 누구인가? 그 사람은 상담에 응할 때 어떤 말투를 사용하는가? 상대의 말에 호응하는 방법과 말버릇에 유의하며 관찰해보자.
- 최근에 받은 상담 요청이나 질문을 기억하는가? 상대의 관점에서 당시의 대화를 복기해보자.

'약점'을 드러냄으로써
주위 사람의 '심리적 안정'을
보장한다

'상담 요청이 오지 않는 사람'은
그 자신도 누군가와 상담하려 하지 않는다

우리가 상담 네트워크에서 입지를 확보하기 위해서는 ①'상담에
응하는 기술'을 익히는 동시에 ②'상담 네트워크에 뛰어들어야 한
다'고 이야기했다. '상담에 응하는 방법'에 관해서는 앞에서 자세히
살펴봤으므로 지금부터는 '상담 네트워크에 참여하는 방법'에 관해
알아보기로 하자.

"저는 회사 안이든 밖이든 아는 사람이 별로 없습니다. 그래서 누가
저에게 상담을 요청한다 해도 소개할 인맥이 없습니다……."

이렇게 고민하는 사람도 적지 않을 것이다.

이 같은 '사내 은둔자'에게 결여된 능력은 실은 '사교성'이 아니다. 평소 본인이 다른 사람과 의논하지 않기 때문에 누군가로부터 상담을 요청받았을 때 당황하는 것이다. 상담 경험이 없으니 '상담 하수'가 되는 것도 어쩌면 당연하다.

'지식중개자'가 되려면 자신도 누군가에게 도움을 구하는 입장으로 상담 네트워크에 뛰어들어야 한다.

이렇게 상담 경험을 쌓으면 '누가 어떤 강점을 지니고 있는지', '어떤 문제의식을 느끼고 있는지', '어떤 일을 하고 싶어 하는지' 등의 분산기억(157페이지)을 축적할 수 있다. **'상담 요청을 받는 사람'이 되는 최고의 비결은 '상담을 요청하는 사람'이 되는 것이다.**

'불합리한 인사이동'을 경험한 사람은 '상담 하수'가 된다

그러면 어떻게 해야 '상담을 요청하는 사람'이 될 수 있을까? 평소 다른 사람과 의논하기를 어려워하는 사람은 대체로 다음 두 가지 문제점을 안고 있다.

1 누구와 의논해야 좋을지 알지 못한다

2 상담을 요청하는 것이 어쩐지 부끄럽다

PEDAL의 네 번째 행동특성인 '자신의 입지를 확보한다'에 영향을 미치는 요소를 분석한 결과 '부정적으로 작용하는 경험'이 존재한다는 사실을 발견했다.

그것은 '전문성을 발휘하기 어려운 위치로의 인사이동'이다.

물론 '전문성을 발휘할 수 있다 / 없다', '불합리한 인사이동이다 / 아니다'는 주관적 판단이 개입될 수 있는 문제이므로 단정적으로 말하기 어려운 면이 있기는 하다. 이를 고려하더라도, 입사 후 줄곧 외근만 하던 영업사원이 경리부로 발령되거나 온종일 컴퓨터 화면만 들여다보던 시스템 엔지니어가 홍보부로 이동되는 경우를 생각해볼 수 있다.

실제로 일정한 경력을 쌓은 시점에 생경한 부서로 이동된 사람은 모르는 것이 있어도 주위에 물어보기를 꺼리고 커뮤니케이션이 위축되는 경향이 있다. 이런 상태로 새로운 업무를 학습하다 보니 '상담 경험'을 쌓기 어렵고 문제가 발생했을 때 누구와 의논해야 좋을지 몰라 난감해한다.

그러나 잘 생각해보면 완전히 새로운 업무를 담당하게 되는 것은 '어떤 질문을 해도 용납되는 절호의 기회'이기도 하다.

누구나 처음에는 잘 모르는 것이 당연하므로 공연히 알은체하지 말고 적극적으로 '약점'을 드러내 상담 네트워크에 뛰어들자.

'다른 사람의 의견을 구하는 것'만큼
'노력 대비 효과'가 높은 행동도 없다

"누구와 의논해야 할지 모르겠다"라고 느끼는 사람은 '상담'이란 문제 해결 이상의 다층적 목적을 지닌 행동이라는 점을 이해하기 바란다.

상담을 요청하는 행위는 그 자체로 상대에게 좋은 인상을 준다. **누군가에게 도움이 되는 것은 언제나 기분 좋은 일**이기 때문이다. 상담을 요청받은 분야가 자신의 전문 분야라면 더욱 그렇다.

또 상담은 '상대가 어떤 분야를 잘 알고 있는지', '어떤 강점을 지니고 있는지'를 모색하는 기회가 된다. 이는 언젠가 허브의 역할을 하게 될 때도 도움이 된다. 즉 **지식중개자로서 '자산'을 늘리는 데에도 상담을 요청하는 행위가 도움이 되는 것이다.**

나아가 상담을 통해 "나는 이러한 문제의식을 느끼고 있다", "이러한 일을 하고 있다"를 상대에게 어필할 수도 있다. 자신의 업무 내용과 문제의식을 전달해두면 누군가 그 사람에게 조언을 구했을 때 당신을 소개할 가능성이 커진다. 이렇듯 **상담은 '자기표현의 장'**이기도 하다.

어째서 '안전제일'을 추구하는 NASA에서
위험 경고를 무시했을까?

사실 '누구와 의논해야 할지 몰라서' 도움을 구하지 않는 사람은 소수에 지나지 않는다. 미들 & 시니어기의 대다수가 '상담을 요청하지 못하는 사람'이 되는 이유는 지극히 단순하다. 자존심이 발목을 잡기 때문이다. 즉 상담을 요청하는 것이 부끄럽게 느껴지는 것이다.

일반적으로 베테랑 사원쯤 되면 당연히 자기 업무에 통달했을 것이라는 인식이 있다.

이 같은 인식에 예민한 사람일수록 다른 사람에게 질문하거나 상담을 요청하는 것을 주저하게 된다. "이 질문을 하면 그것도 모르냐는 핀잔을 듣지는 않을까?", "이런 사소한 것까지 의논하면 바보 취급을 당할지 모른다"라는 두려움이 내재돼 있는 것이다.

이와 관련해 살펴보고 싶은 것이 하버드대학 경영대학원 에이미 C. 에드먼슨(Amy C. Edmondson) 교수가 언급한 미국 항공우주국(NASA)의 에피소드다.[28] 그녀에 따르면 이는 결코 특이한 상황이 아닌, 어느 기업에서나 있을 수 있는 일이라고 한다.

과거 NASA에는 "안전하지 않다고 느껴진다면 목소리를 높여라!"라는 포스터가 곳곳에 붙어 있었다고 한다. 인명과 직결되는 프로젝트를 다루는 기관인 만큼 안전을 저해하는 요소를 철저히 배제하려는 노력의 일환이었다.

그러던 어느 날 우주를 향해 날아오르던 컬럼비아호의 연료탱크에서 단열재가 떨어져 나와 왼쪽 날개에 부딪히는 사고가 발생했다. 상황실에서 사고 장면을 지켜본 엔지니어가 "기체의 상태를 자세히 확인해야 한다"라고 직속 상사와 동료들에게 이야기했다. 그야말로 '안전하지 않다고 느꼈기 때문에 목소리를 높인 것'이었다.

그러나 그의 경고는 무시당했다. 더욱 안타까운 점은 그가 더 높은 위치의 관리자에게 보고하려는 시도조차 하지 않고 너무 쉽게 단념했다는 사실이다.

그 결과 지구로 귀환하던 컬럼비아호는 대기권에 진입하던 도중 화염에 휩싸였고 탑승자 전원이 소중한 생명을 잃고 말았다. '안전 제일'을 부르짖던 NASA에서 어째서 이 같은 사고가 발생한 것일까?

'심리적 안정감'이 확보될 때 상담을 요청할 수 있다

그 이유는 당시 NASA에는 고위 관리직에게 '일개 사원'이 의견을 피력하는 것을 '주제넘은 일'로 여기는 문화가 존재했기 때문이다. 에드먼슨 교수에 따르면 문제나 실수가 발생했을 때 그것을 즉시 보고할 수 있는가 그렇지 않은가는 그 조직에 어느 정도의 **'심리적 안정감'**(psychological safety)이 확보돼 있는가에 달려 있다고 한다.

포스터를 붙여 "목소리를 높여라!"라고 아무리 강조한들 심리적 안정감이 결여돼 있던 NASA에서는 공허한 외침에 불과했다.

에드먼슨 교수는 심리적 안정감을 위협하는 요소로 다음 네 가지의 '대인불안'을 꼽는다.[29]

1 무지한 사람으로 여겨질지 모른다는 불안

2 무능한 사람으로 여겨질지 모른다는 불알

3 부정적인 사람으로 여겨질지 모른다는 불안

4 훼방꾼으로 여겨질지 모른다는 불안

당시 NASA에 만연해 있던 조직문화는 위와 같은 요인에 따른 결과로 생각된다. 이러한 대인불안이 팽배해 있었기 때문에 구성원의 심리적 안정감이 훼손된 것이다.

개인이든 조직이든 '약점'을 드러낼수록 강해진다

'심리적 안정감'은 주로 상사와 부하의 관계를 이야기할 때 거론된다. 즉 **팀의 심리적 안정감을 확보하기 위해서는 상사가 적극적인 '자기 공개'를 통해 '약점'을 드러낼 필요가 있다**는 것이다. 실제로 심리적 안정감이 확보되면 다음과 같은 이점이 있다고 한다.[30]

1 솔직하게 말할 수 있는 분위기가 형성된다

2 구성원의 사고가 명석해진다

3 건설적인 대립이 장려된다

4 실수로 인한 여파가 완화된다(단, 심리적으로 안정적인 팀은 실수를 숨김없이 보고하므로 통계상 실수 횟수는 많은 것처럼 보인다)

5 혁신이 촉진된다

6 목표 달성의 장애물이 제거된다(서로 신뢰하고 존중하며 협력하게 된다)

7 구성원의 책임감이 강해진다

이는 '**리더는 강해야 한다**'는 편견의 **안티테제**라고 할 수 있다.

이와 관련해 또 하나의 에피소드를 살펴보자. [31]

구글의 어느 중간관리자는 자신이 말기 암 환자라는 사실을 숨긴 채 다른 직원과 똑같이 출근해 일했다. 그는 이를 끝까지 비밀로 하고 싶었으나 '아리스토텔레스'라는 조직문화 개선 프로젝트에서 자신의 팀이 낮은 점수를 받자 고민에 빠졌다. '신뢰를 바탕으로 무엇이든 이야기할 수 있는 팀'을 만들고 싶었기 때문이다. 고민 끝에 그는 팀원들에게 자신의 병에 관해 이야기하기로 했다.

결론부터 말하면 그의 결심 덕분에 팀 문화가 크게 개선됐다고 한다. 리더가 먼저 자신의 '약점'을 드러내고 적극적으로 '자기 공개'를 하자, "적어도 이 팀에서 일하는 동안은 '사무적인 얼굴'로 지내지 않아도 된다. 나의 '진짜 얼굴'을 보여줘도 된다"라고 모든 구성원이 심리적 안정감을 얻은 것이다.

'상담'이야말로 최고의 '입지 확보 전략'이다

어째서 이런 이야기를 하는가 하면, '심리적 안정감'과 '대인불안'은 '상담 네트워크에의 참여'라는 관점에서 미들 & 시니어에게도 매우 유익한 주제기 때문이다.

"요즘 젊은 사원은 선배와 의논할 줄 모른다"라고 생각하는가? **그들이 당신을 찾지 않는 것은 '심리적 안정감'이 확보되지 않아서인지도 모른다.**

'○○ 씨에게 이런 질문을 하면 무지하다고 생각할지 모른다……'
'○○ 씨와 이런 것을 의논하면 무능하다는 말을 들을지 모른다……'

이 같은 '대인불안'이 있으면 누구에게도 고민을 털어놓을 수 없다. 이러한 상황을 타개하려면 미들 & 시니어가 먼저 움직이는 수밖에 없다.

자신의 약점을 드러내고 적극적으로 자기를 공개하는 가장 효과적인 방법은 '상담을 요청하는 것'이다. '상담만큼 노력 대비 효과가 높은 방법도 없다'는 사실을 다시 한번 떠올리며 부디 당신이 먼저 주위 사람에게 다가가길 바란다.

끝으로 에드먼슨 교수가 알려주는 '주위 사람의 심리적 안정감을 높이기 위한 행동' 몇 가지를 살펴보자.[32]

1 자신이 지닌 지식의 한계를 인정한다

2 실수는 배움의 기회라는 점을 강조한다

3 자신 또한 실수를 저지른다는 점을 적극적으로 알린다

4 구성원의 참여를 독려하고 자신이 먼저 모범을 보인다

5 마음 편히 대화할 수 있는 친근한 사람이 된다

이는 본래 리더를 위한 행동지침으로 이 밖에 더 많은 내용이 있지만 미들 & 시니어에게 도움이 될 만한 내용만 선별했으니 부디 참고하길 바란다.

REFLECTION

- 당신의 직장에서 '주위 사람과 가장 많이 의논하는 사람'은 누구인가? 그 사람은 심리적 안정감을 높이는 행동 중 몇 가지를 실천하고 있는가?
- 당신보다 나이가 많은 사원 중 당신에게 거리낌 없이 약점을 보여주는 사람이 있는가? 그러한 행동은 그 사람에게 어떤 이점을 가져다주는가?

CHAPTER 5

배움을 활용한다

[Learn]

지금부터
할 수 있는 일
18

'배움'을
'행동'으로 옮긴다

40대에 접어들면 업무에서 배울 것이 적어진다

잃어버린 자주력을 회복하고 '미들 & 시니어의 우울'에서 벗어나기 위한 5가지 행동특성을 살펴보고 있다. 이 장에서는 드디어 마지막 행동특성인 '배움을 활용한다 [Learn]'에 관해 이야기하고자 한다.

회사원은 다양한 배움을 통해 업무에 필요한 지식을 쌓는다. 그런데 마흔을 넘기면 일상적인 업무를 수행하기 위해 더 배울 것이 없는 경지에 이른다. 그 결과 미들 & 시니어기에 접어들면 배우기를 그만두는 경향이 있다.

이처럼 과잉적응이 진행됨에 따라 '일단 해본다 [Proactive]'는 행동특성이 약화된다는 사실은 앞에서 이미 살펴봤다(60페이지).

"결국 '나이가 들어도 배우기를 멈추지 말아야 한다'는 말을 하려는 것인가⋯⋯?"

이렇게 생각할 수도 있다.

물론 새로운 지식과 기술을 꾸준히 업데이트하는 것은 누구에게나 중요하다. 이 점은 굳이 데이터를 들어 설명하지 않아도 많은 사람이 공감할 것이다. 그러므로 '아무리 나이가 들어도 배우려는 태도를 유지해야 한다!'라는 일반론을 다시 꺼낼 필요는 없을 것이다. 이 책에서는 '배움을 활용한다 [Learn]'와 관련해 조금 다른 이야기를 하고자 한다.

열심히 배워도 효과를 보지 못하는 사람

이 책의 독자 중에는 다음과 같이 배움에 열심인 사람도 있을 것이다.

"독서를 즐기고 인터넷에서도 많은 정보를 수집한다."

"세미나와 연수에 참가하고 그룹 스터디도 한다."

"퇴근 후 대학원에 다니며 MBA를 취득했다."

이처럼 열심히 공부하는 당신, 얼마나 효과를 실감하고 있는가? 같은 것을 배워도 그것이 업무에서 상승효과를 내는 사람이 있는가 하면, 배움을 일과 연결하지 못하는 사람도 있다.

우리 조사팀이 과거에 실시한 '기업 외부 학습'에 관한 공동조사에서는 학습이 실무로 이어지지 않는 사람을 '러닝 로맨티시스트'라고 명명했다. [33]

열심히 지식을 쌓고도 업무에 활용하지 못하는 러닝 로맨티시스트에게는 어떤 문제가 있을까? 이들은 배움에 대한 열정이 남다르다. '학구열'만큼은 누구에게도 뒤지지 않는다. 그러나 **'배움을 위한 배움에 그치는 것'이 문제다. 자신이 학습한 내용을 되짚어보고 다른 분야와 연결 짓는 프로세스에는 관심이 없다.** 이 때문에 노력한 만큼의 효과를 거두지 못하는 것이다.

회사 밖에서의 학습뿐만 아니라 사내 교육에서도 이와 똑같은 현상이 발생한다. [도표 5-1]은 사내 교육 수강 상황을 미들 & 시니어의 3가지 유형별로 분석한 결과다.

먼저 가장 오른쪽의 "(최근 10년 동안)수강한 연수가 없다"를 살펴보자. 업무 퍼포먼스가 낮은 유형일수록 연수에 참가하지 않는 경향을 보인다. '불활성 유형'은 무려 80퍼센트에 달하는 사람이 최근 10년 동안 사내 학습 기회를 이용하지 않았다.

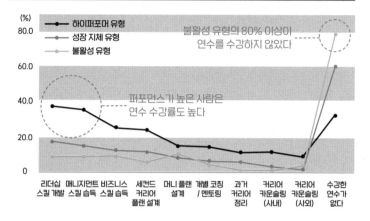

[도표 5-1] 최근 10년 이내에 수강한 연수(3가지 유형별 비교)

'배움의 기회'를 살리느냐 그렇지 않으냐는 본인에게 달렸다!

출처: 이시야마 노부타카, 퍼솔종합연구소(2017). 미들 & 시니어의 약진 실태조사.

그러나 이 데이터만으로 '업무 퍼포먼스가 낮은 사람은 학습 의욕도 낮다'라고 결론짓기는 어렵다. 기업은 이미 일정한 실적을 올리고 있는 인재에 더 많은 투자를 하는 경향이 있으므로 업무 퍼포먼스가 높은 사람일수록 교육의 대상이 될 확률이 높기 때문이다. 실제로 가장 왼쪽에 있는 '리더십 스킬', '매니지먼트 스킬' 연수의 경우 퍼포먼스가 높은 사람일수록 수강률도 높게 나타났다.

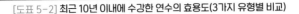

[도표 5-2] 최근 10년 이내에 수강한 연수의 효용도(3가지 유형별 비교)

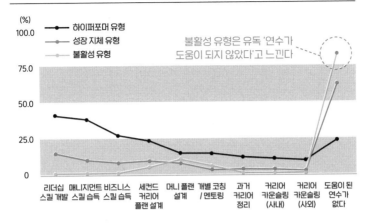

업무 퍼포먼스가 높을수록 '학습 기회'가 많다

출처: 이시야마 노부타카, 퍼솔종합연구소(2017). 미들 & 시니어의 약진 실태조사.

'연수가 도움이 되지 않는 사람'의 공통점

이를 바탕으로 살펴보고자 하는 것은 "수강한 연수가 도움이 됐
는가?"라는 질문에 대한 응답 결과다. [도표 5-2]를 보자. 이 역시
[도표 5-1]과 비슷한 경향을 보인다. 특히 주목할 항목은 오른쪽
끝에 있는 "도움이 된 연수가 없다"다. '불활성 유형'은 연수에 참
여한 인원 자체가 많지 않았지만 그중 80퍼센트 이상(84.2퍼센트)
이 "연수가 도움이 되지 않았다"라고 답했다. 이 유형은 다른 항목
에서도 눈에 띄게 낮은 수치에 머물렀다.

반면 '하이 퍼포머 유형'은 연수의 효과를 실감한 사람의 비율도 높게 나타났다.

여기에서 생각할 수 있는 것은 '학습 기회의 유무'보다는 **그 사람의 '배움에 대한 태도'가 학습의 효과를 좌우할 가능성**이다. 소중한 배움의 기회를 얻는다 하더라도 본인이 그로부터 무언가를 얻어 활용하고자 하는 의지가 없다면 학습 효과는 미미할 수밖에 없다.

"연수 같은 건 시간 낭비다. 회사가 시키니 어쩔 수 없이 참석할 뿐이다"라고 생각하는 사람과 "일은 바쁘지만 이왕 받기로 한 이상 뭐든 하나라도 배워 오겠다!"라고 생각하는 사람의 격차는 학습 기회가 늘어날수록 더 크게 벌어진다. 연수 내용을 되짚어보고 그 의미를 찾으려 노력하는 태도야말로 학습 효과를 높이는 열쇠다.

'이론'이나 '실기'냐의 문제가 아니다

한편 독서, 세미나, 연수, 대학원과 같은 외부 교육에 대해서는 더 근본적인 문제를 지적하는 비판도 있다. 그것은 **'강의 중심 학습'에 대한 무용론**이며, 이와 맥락을 함께하는 것이 **'업무에 필요한 지식과 기능은 경험을 통해서만 얻을 수 있다'는 사고방식**이다(그렇다고는 하나 '액티브 러닝'과 같은 새로운 교육 방식이 도입되고 있는 요즘은 연수든 대학원이든 그것이 반드시 '강의 중심 학습'이라고 단정 짓기 어려운 시대가 됐다).

기업 내 인재 육성을 연구하는 분야에서도 '강의 중심 학습'과 '현장 중심 학습'의 비교는 단골 소재 중 하나다.

먼저 전형적인 학교 수업이나 강의형 기업 연수와 같이 지식과 기능을 머릿속으로 '복사'하는 듯한 학습방식을 **'학습 전이 모델'**이라고 부른다. 그 바탕에는 특정 상황에 구애받지 않고 언제 어디서든 전용 가능한 지식과 기능을 습득하는 것이야말로 학습의 본질이라는 생각이 깔려 있다.

반면 '진정한 배움은 구체적 경험과 일상적 상황 속에서만 가능하다'는 사고방식도 존재하는데 이를 **'상황적 학습'** 등으로 부른다.[34] 책이나 강의를 통한 학습에 회의적인 사람은 이 같은 사고방식에 공감할 것이다.

그러나 어느 쪽이 더 우월한지를 따지는 것은 의미가 없다고 생각된다. **현실에서는 두 학습방식 모두 필요**하기 때문이다.

예를 들어 기초 지식과 기능을 습득하는 데에는 반복훈련을 통한 학습 전이가 효과적이지만, 이 방식으로 전문지식이나 암묵적 기능까지 마스터하기란 사실상 불가능하다. 실제로 해보지 않으면 체득할 수 없는 실무 지식이 현장에는 넘쳐난다.

나 역시 회사원 시절을 돌이켜보면 직장 내의 암묵적 규칙을 구체적 상황 속에서 체득하는 것이 전문성을 높이는 데 결정적 역할을 했다고 느낀다. 이처럼 회사원이 성장해 나가는 데에는 상황적 학습이 큰 비중을 차지한다는 사실은 부정할 수 없다.

같은 경험을 했는데 어째서 성장에 차이가? — 경험학습 사이클

물론 '경험'을 쌓는다고 해서 누구나 성장하는 것은 아니다.

"실무에 필요한 지식이라면 누구에게도 뒤지지 않는다."

"다양한 업무를 담당하며 풍부한 경험을 쌓았다."

"대형 프로젝트를 성공시킨 경험이 많다."

이처럼 풍부한 경험을 축적하고도 벽에 부딪히는 사람이 적지 않다. 과연 무엇이 이들의 운명을 갈라놓는 것일까? PEDAL의 다섯 번째 행동특성인 '배움을 활용한다 [Learn]'는 다음과 같은 요소로 구성돼 있다.

● 경험을 분석한다

● 응용할 수 있는 업무 노하우를 찾아낸다

● 자신만의 노하우로 체화한다

이를 한마디로 표현하면 **'돌아보기'**(Reflection)라고 할 수 있다.

미들&시니어 세대는 신입사원과는 달리 풍부한 경험을 축적했을 터다. 그 경험을 방치하지 않고 다음 업무에 도움이 되는 형태로 체화하는 것이 무엇보다 중요하다. 다섯 번째 행동특성을 단순히 '배움'이 아닌 '배움을 활용한다'로 명명한 이유가 여기에 있다.

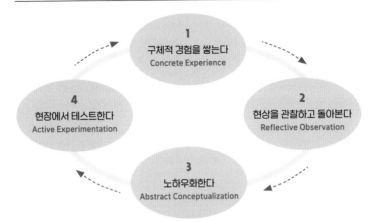

[도표 5-3] '경험학습'의 4단계 프로세스

1
구체적 경험을 쌓는다
Concrete Experience

2
현상을 관찰하고 돌아본다
Reflective Observation

3
노하우화한다
Abstract Conceptualization

4
현장에서 테스트한다
Active Experimentation

"경험한 '후' 무엇을 하는가"가 중요!

출처: Kolb, D. A(1984), Experiential Learning: Experience as the Source of Learning and Development, Prentice-Hall.을 바탕으로 저자 작성

다만 그것만으로는 구체적 행동을 취하기 어렵다. 경험을 단순한 체험으로 끝내지 않고 '배움'으로 변환하려면 어떤 과정을 거쳐야 할까?

이때 참고가 되는 것이 **'경험학습'**이라는 개념이다([도표 5-3] 참조). 그 기본 모델로서 가장 널리 알려진 것이 미국 교육학자 데이비드 콜브(David A. Kolb)가 제시한 4단계 프로세스다. [35]

그간 축적한 **구체적 경험**(Concrete Experience)의 절대량으로 보자면 미들 & 시니어 세대는 다른 구성원을 압도한다. 여러 부서를

거치며 다양한 업무를 수행하고 신규사업을 추진하거나 이직을 경험한 사람도 있을 것이다.

이러한 미들 & 시니어 세대가 가장 먼저 해야 할 일은 **자신의 경험을 되돌아보는 것**(Reflective Observation)이다. 경험을 방치하지 않고 복기하는 것만으로도 배움의 속도를 비약적으로 높일 수 있다.

이보다 더 중요한 것은 돌아보기를 바탕으로 자신이 배운 것을 개념화하는 과정(Abstract Conceptualization)이다. 즉 지금의 구체적 상황에서 벗어나 다른 상황에 놓였을 때도 응용할 수 있는 **나만의 노하우로 만드는 일**을 게을리해서는 안 된다.

마지막은 개념화한 노하우를 머릿속에만 넣어두는 것이 아니라 다른 **현장에서 테스트하는 단계**(Active Experimentation)다. 이를 통해 학습의 타당성을 검증하고 또 다른 경험으로 연결하는 것이 중요하다.

PEDAL은 '배움'에도 도움이 된다!

소중한 경험을 돌아보고 개념화한 후 실천한다.

이 같은 사이클이 작동하지 않으면 아무리 풍부한 경험을 지닌 사람이라 해도 성장이 멈출 수밖에 없다. 이로 인한 정체감이야말로 '미들 & 시니어의 우울'의 정체라고 할 수 있다.

실제로 5가지 행동특성 중 '배움을 활용한다'가 업무 퍼포먼스에

5가지 행동특성 「PADAL」

순위	행동특성	계수
1위	배움을 활용한다 [Learn]	.310***
2위	젊은 직원과 잘 지낸다 [Diversity]	.243***
3위	일의 의미를 탐색한다 [Explore]	.150***
4위	자신의 입지를 확보한다 [Associate]	.055**
5위	배움을 활용한다 [Learn]	.053**

업무 퍼포먼스

수정된 R2제곱값 .608

'배움을 활용한다'는 자주력 향상에 큰 영향을 미친다

주: 연령, 이직횟수, 근속연수를 등의 속성을 통제한 중회귀분석 결과. ***은 5% 수준, **은 1% 수준으로 통계적으로 유의함.
출처: 이시야마 노부타카, 퍼솔종합연구소(2017), 미들 & 시니어의 약진 실태조사.

가장 큰 영향을 미치는 것으로 나타났다([도표 5-4]).

물론 나머지 네 개의 PEDAL 행동 또한 경험학습 사이클이 제대로 작동하는 데 중요한 역할을 한다([도표 5-5]).

'일단 해본다'는 돌아보기와 노하우화를 통해 얻은 배움을 현장에서 테스트하는 데 꼭 필요한 요소다. 또 '일의 의미를 탐색한다'는 그 자체가 돌아보기에 해당할 뿐 아니라 더 높은 추상적 사고가 필요한 노하우화에도 도움이 된다. '젊은 직원과 잘 지낸다'와 '자신

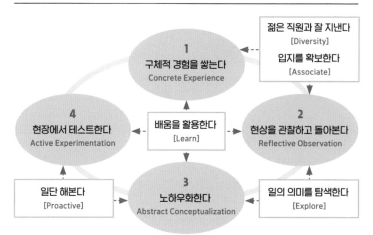

[도표 5-5] 경험학습 사이클과 PEDAL의 관계

젊은 직원과 잘 지낸다
[Diversity]

입지를 확보한다
[Associate]

1
구체적 경험을 쌓는다
Concrete Experience

4
현장에서 테스트한다
Active Experimentation

배움을 활용한다
[Learn]

2
현상을 관찰하고 돌아본다
Reflective Observation

일단 해본다
[Proactive]

3
노하우화한다
Abstract Conceptualization

일의 의미를 탐색한다
[Explore]

PEDAL을 실천하면 '배움의 순환'이 활발해진다

의 입지를 확보한다'는 다양한 세대, 부서, 커뮤니티와의 교류를 촉
진함으로써 새로운 경험을 얻고 그것을 돌아보는 기회를 제공한다.

이처럼 '자주력'을 높이기 위한 행동특성은 미들 & 시니어의 '학
습력'을 높이는 데에도 결정적 역할을 한다.

⟨➡ REFLECTION

- 당신 주변에 '열심히 공부하는데도 좀처럼 성장하지 못하는 사람' 또는 '풍부한 경험을 지니고 있음에도 정체감을 느끼는 사람'이 있는가? 그 사람에게 부족한 점은 무엇인지 생각해보자.
- 당신의 리플렉션 시트에서 '돌아보기'가 특히 부족했던 시기는 언제인가? 그 원인은 무엇이라고 생각되는가?

'익숙한 영역' 밖으로
수시로 '월경'한다

'선배'를 관리하면 '배움'의 고수가 된다

회사원의 '배움'에는 무엇보다 '경험'을 쌓고 그것을 '되돌아보는 것'이 중요하며, 우리가 그 사이클을 작동시키는 데에는 자주력을 높이기 위한 것과 동일한 행동특성이 필요하다는 사실을 알게 됐다.

그런데 미들 & 시니어기의 '배움'에 긍정적 영향을 미치는 요소는 이것만이 아니다. [도표 5-6]을 보자.

표의 내용을 다음과 같이 요약할 수 있다.

순위	항목	영향도 (β)
1	자신보다 나이가 많은 부하를 관리한 경험	.058
2	신규사업 추진	.055
3	해외 장기근무(1년 이상)	.053
4	연수 수강(리더십 스킬 개발)	.053
5	사외 스터디, 교류회	.051
6	지역 활동(PTA, 지자체 활동 등)	.043
7	자격 취득을 목적으로 하는 학습	.043
8	연수 수강(매니지먼트 스킬 습득)	.042

'스트레치', '선배부하', '월경'이 키워드!

주: 연령, 이직횟수, 근속연수를 등의 속성을 통제한 중회귀분석 결과. 모두 5% 수준으로 유의함.
출처: 이시야마 노부타카, 퍼솔종합연구소(2017). 미들 & 시니어의 약진 실태조사.

1 스트레치가 필요한 경험을 쌓는다

2 '선배부하'를 관리하는 것은 배움의 기회가 된다

3 '월경'이 열쇠다

먼저 **'스트레치 경험'**의 중요성이다. 신규사업을 추진하거나 해외에서 장기간 근무하는 등 지금까지의 경험과 배움이 통용되지 않는 업무 환경, 즉 스트레치(일정 수준 이상의 노력)가 필요한 경험이 '배움을 활용한다'는 행동특성을 높이는 것을 확인할 수 있다.

실제로 경험학습 프로세스가 효과적으로 작동하는 데 도움이 되는 것은 이처럼 좌절과 실패를 동반할 가능성이 높은 도전적 업무 경험이라고 한다. '제로에서 창조한 신상품이 성과를 내지 못하고 철수 직전까지 갔던 경험', '다국적팀에서 자신의 의사를 충분히 전달하지 못한 경험'처럼 뜻대로 되지 않는 상황에 직면했을 때 인간은 비로소 자신을 돌아보고 나름의 '해답'을 도출한 후 그것이 실패를 되풀이하지 않는 데 도움이 되는지 실험하게 된다.

즉 **노력이 필요한 도전적 경험이야말로 우리에게 '배움의 방법'을 알려준다**는 뜻이다.

두 번째 포인트는 **'선배부하'를 관리한 경험**이 '배움을 활용한다'는 행동특성에 가장 큰 영향을 미친다는 점이다.

이는 다소 뜻밖일지 모르지만 '돌아보기'라는 보조선을 그으면 그 연결고리를 찾을 수 있을 것이다. 앞에서 살펴본 바와 같이 '선배부하'를 대할 때는 당근과 채찍을 휘두르는 '거래형 리더십'이 아닌 자신의 약점과 가치관을 공개하는 '자연체 리더십'이 요구된다(142페이지).

'자연체'라는 것은 무엇도 개의치 않는다는 뜻이 아니다. 또 아무 말이나 거리낌 없이 내뱉는 것과도 다르다. 오히려 세심한 배려가 있을 때 비로소 자연체 리더십은 힘을 발휘한다. 이를 실현하는 효과적인 방법으로 '1 on 1 커뮤니케이션'과 '자기 공개'를 살펴봤다.

즉 '선배부하'를 둔 관리자는 자신에 대한 '강도 높은 돌아보기'를 요구받는다. 이러한 경험이 경험학습 사이클을 작동하는 데 긍정적으로 작용하며 '배움을 활용한다'는 행동특성을 높이는 방향으로 이어진다.

'베테랑 사원'에게 최고의 학습 방법은 '월경적 학습'

미들 & 시니어기의 배움에 있어 앞에서 살펴본 두 가지 이상으로 중요한 것이 '월경'(越境)을 체험하는 것이다. 일상적 업무 공간을 벗어나는 체험을 하는가 그렇지 않은가가 '배움을 활용한다'는 행동특성에 영향을 미친다는 것이다.

미들 & 시니어기의 배움에는 경험학습 사이클의 발단이 되는 구체적 경험이 필요한데 이를 회사 내에서의 경험으로만 충당하기란 쉽지 않다. '일단 해본다'를 실천하며 다양한 경험을 쌓는다 하더라도 역시나 **조직 내에서만 학습하는 것은 '과잉적응의 덫'에 빠질 위험이 크기 때문**이다. 이것이 '미들 & 시니어의 우울'의 원인이 된다는 사실은 이미 살펴본 바와 같다(78페이지).

이에 필요한 것이 직장 밖에서의 학습이다. **'홈그라운드'와 '어웨이그라운드'를 오가며 새로운 지식과 사고방식을 습득하는 배움**을 **'월경적 학습'**(Cross-boundary Learning)이라고 한다. [36]

특히 최근에는 경험학습 중심의 **직장학습**(Workplace Learning)을 보충하는 개념으로 '월경'의 중요성이 주목받고 있다.

해외에서 근무하는 경험은 가장 알기 쉬운 월경의 예다. 외국에서는 자신이 알고 있는 규칙과 지식이 통용되지 않기 때문에 어쩔 수 없이 새로운 배움이 필요하다.

물론 물리적으로 국경을 넘는 것만이 월경은 아니다. 사외 스터디나 교류회, 학부모 모임, 지역 활동 등 회사 업무와 무관한 조직이나 커뮤니티에서 활동하는 경험도 '배움을 활용한다'는 행동특성을 높이는 데 긍정적으로 작용한다. NPO 활동이나 재능 기부, 회사 이외의 기관에서 주최하는 연수에 자율적으로 참가하거나 자격 취득을 위한 강좌를 듣는 것도 월경의 한 형태라고 할 수 있다.

그런데 실은 **'회사 밖으로 나가는 것 = 월경'이라는 이해도 완전하지 않다.** 예를 들어 신규사업을 추진하는 것은 평소 함께 일하는 구성원뿐 아니라 회사 내 관련 부서나 사외 파트너와의 연계가 필요하다. 이 또한 일상적 업무를 벗어난다는 의미에서는 일종의 '월경'이라고 할 수 있다.

이 밖에도 전사 횡단적 팀 내지 업무 횡단적 프로젝트, 경우에 따라서는 노동조합에서 활동하는 것도 월경의 성격을 띤다.

월경적 학습의 본질은 '회사 안인지 밖인지'를 따지는 것이 아니라, **익숙한 공간(Comfort Zone)을 벗어나 기존 지식이 통용되지 않는 어색하고 불편한 공간으로 자신을 밀어넣는 것이다.**

'월경처'를 찾을 수 없다면 스스로 만들어도 좋다

월경적 학습의 일반 모델을 설명하기 전에 그 구체적 사례부터 소개하고자 한다. '평범한 회사원'을 자처하는 사키야마 데쓰야 씨(당시 40대 전반)는 오사카에 위치한 대형 부동산회사에서 마케팅, 광고 및 판촉, 영업 지원 등의 업무를 담당했다. 20년 동안 회사생활에 충실했지만 그것이 진정 자신이 원하는 길인지 늘 고민했다.

그러다 우연히 《LIFE SHIFT(린다 그래튼, 앤드루 스콧 저. 원제: The 100-year life. 국내 번역서명: 100세 인생)》라는 책을 읽게 됐다. 현대인의 수명이 늘어남에 따라 생활 방식과 커리어 선택 방식 또한 크게 변화할 것임을 이야기한 세계적 베스트셀러다. 사키야마 씨는 이 책을 읽고 "지금처럼 회사원으로 늙어 간다면 죽을 때 후회할 것 같다", "회사를 떠나 나의 가능성을 확인하고 싶다"라고 생각하게 됐다.

하지만 막상 행동에 옮기려니 무엇부터 시작해야 할지 알 수 없었다. 책에는 "인생에서 '탐색'만을 위한 시기를 보내는 것도 좋다"라고 쓰여 있었지만 무작정 회사를 그만두고 '탐험가'가 되는 것은 현실적이지 않았다.

이에 그가 찾아간 곳은 간사이 지역에서 열리는 '이업종 간 교류회'였다. 하지만 그곳에서는 '평범한 회사원'을 찾아보기 어려웠고 어쩐지 자신이 있을 곳이 아니라는 생각이 들 뿐이었다. "나처럼 평범한 회사원에게 '라이프 시프트'는 허황한 꿈인가……" 하고 낙

담하는 날도 있었다. 그러던 어느 날 그는 무언가를 결심하고 '라이프 시프트 랩 대표'라고 새겨진 제2의 명함을 만들었다. 자신과 같은 '평범한 회사원'도 마음 편히 머물 공간을 만들어야겠다고 생각한 끝에 '라이프 시프트 랩'이라는 독서회를 열기로 한 것이다. 명함 제작을 계기로 독서회 정보가 알려지며 많은 사람이 라이프 시프트 랩에 모여들었다.

가벼운 마음으로 참가할 수 있는 독서회 형태를 취한 것에 더해 부담 없는 비용으로 장소를 빌릴 수 있었던 것도 모임의 활성화 요인이라고 한다. 그가 이용한 것은 OBP(오사카 비즈니스 파크) 아카데미아, 공부 카페 오사카 혼마치 / 오사카 우메다 같은 장소였다. OBP 아카데미아는 업무, 교류, 스터디, 휴식, 독서 등 다목적으로 이용할 수 있는 공간으로 나도 간사이 지역에서 워크숍을 할 때면 자주 이용하던 곳이다. 이렇듯 **월경적 학습에는 '장소' 또한 중요한 요소가 된다.** [37]

사외 활동의 목적을 '돈'으로 삼지 않는다

사키야마 씨처럼 직장생활을 지속하면서 '월경'을 통해 또 다른 커리어를 병행하는 것을 **'패럴렐 커리어'**(parallel career)라고 부른다.

그는 패럴렐 커리어를 영위하는 과정에서 다음 일곱 가지 사항을 명심하고자 했다.

순위	항목	영향도 (β)
목적	**본업에 대한 불만과 제2의 커리어 탐색**	−.17***
	사외 활동을 통한 성장	.20***
	사회공헌	.08
	부수입	−.00
성질	새로운 스킬 습득 및 시행착오	.10*
	상호작용	.16**
	인맥 확대	.03

'본업에 대한 불만', '부수입'을 목적으로 하는 월경은 NG?!

주: 통계상 *은 5% 수준, **은 1% 수준, ***은 0.1% 수준으로 유의함을 나타냄.
출처: 이시야마 노부타카(2018). 부업을 포함한 사외 활동과 잡 크래프팅의 관계성 —본업에 대한 인재 육성 효과의 검토. 일본노동연구잡지, 60(691), 82–92.

1 좋아하는 일을 한다

2 돈벌이로 여기지 않는다

3 행동하며 생각한다

4 적극적으로 소문을 낸다

5 본업을 소홀히 하지 않는다

6 시간을 낭비하지 않는다

7 무리하지 않는다

이 가운데 특히 흥미로운 항목은 '**2** 돈벌이로 여기지 않는다'와 '**5** 본업을 소홀히 하지 않는다'다.

나도 예전에 "부업을 포함한 사외 활동이 본업에 어떤 영향을 미치는가?"에 관해 조사한 적이 있다([도표 5-7]). 그 결과 '**부수입**'을 **목적으로 한 사외 활동은 본업에 긍정적 영향을 미치지 못하는 것**으로 나타났다. 또 '본업에 대한 불만에서 비롯된 제2의 커리어 탐색'을 위한 월경은 오히려 부정적 효과마저 초래한다는 사실도 알 수 있었다. [38]

사키야마 씨는 부수입이나 본업에 대한 부정적 감정과는 상관없이 오로지 자신이 '좋아하는 일'에 초점을 맞췄다. 이것이 그의 월경이 성공한 요인이다.

"이 일곱 가지 항목을 마음에 새기고 시야와 인맥을 넓혀 나가는 과정에서 그동안 나를 괴롭히던 답답한 감정에서 벗어나 이전보다 훨씬 활기차게 움직이게 됐다"라고 그는 말한다. 이뿐만 아니라 **사외 활동을 계기로 그간 잠들어 있던 능력이 깨어나면서 본업 또한 진정으로 즐기게 됐다**고 한다.

그는 라이프 시프트 랩에서 얻은 인맥과 지혜를 응용해 전에는 상상조차 하지 못했던 일들에 도전했다. 그중 커뮤니티와 셰어링 서비스를 접목한 새로운 형태의 지역 정비 프로젝트가 가시적 성과를 거두며 회사에서도 높은 평가를 받게 됐다고 한다.

이것만으로도 충분히 성공적인 '월경'이지만 그는 여기에서 멈추지 않았다. 사외 활동의 폭을 더 넓혀 자신의 경험을 바탕으로 회사원의 패럴렐 커리어를 장려하는 세미나를 개최하기 시작했다. 또 '프리랜스협회' 간사이 허브 활동, '패럴렐 커리어 박람회' 특별 강연, 타기업 세미나 초청 등 다양한 활동을 이어가고 있다.

재미있는 사실은 이처럼 사외 교류가 확장되자 집안일에 대한 고정관념에서도 자유로워졌다는 점이다. 주방에도 스스럼없이 드나들면서 주먹밥을 기막히게 만들게 된 그는 자신을 '주먹밥 달인'으로 부르고 있다.

진정한 배움은 '홈'에서? '어웨이'에서?

사키야마 씨의 사례에서 보듯 월경적 학습의 세계에는 겉으로 봐서는 알 수 없는 심오함이 있다.

그는 20년 동안 부동산회사에서 일하며 쌓은 지식을 독서회에서 활용함으로써 새로운 깨달음을 얻었다. 중요한 점은 새롭게 발견한 자신의 능력을 이번에는 본업에 적용해 더 발전적인 일을 하게 됐다는 사실이다. 여기에 관여하는 것은 일종의 '돌아보기'와 '노하우화' 프로세스다.

월경적 학습을 논할 때는 홈에서 배운 것을 어웨이에서 활용하는 '일방향적 월경'이 강조되곤 한다. 그러나 사키야마 씨는 **독서회에서 얻은 깨달음을 노하우화해 다시 본업에 적용했다.**

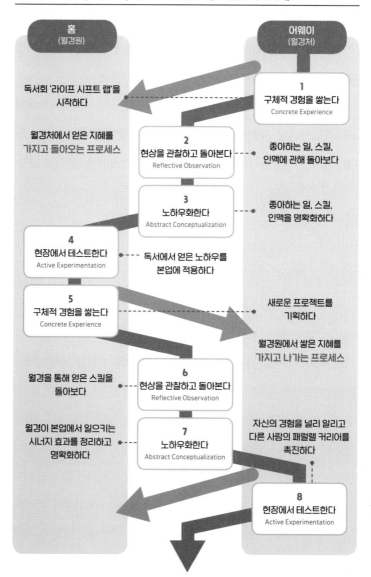

[도표 5-8] 월경적 학습의 8단계(사키야마 씨의 사례)

홈
(월경원)

어웨이
(월경처)

1
구체적 경험을 쌓는다
Concrete Experience

독서회 '라이프 시프트 랩'을
시작하다

월경처에서 얻은 지혜를
가지고 돌아오는 프로세스

2
현상을 관찰하고 돌아본다
Reflective Observation

좋아하는 일, 스킬,
인맥에 관해 돌아보다

3
노하우화한다
Abstract Conceptualization

좋아하는 일, 스킬,
인맥을 명확화하다

4
현장에서 테스트한다
Active Experimentation

독서에서 얻은 노하우를
본업에 적용하다

5
구체적 경험을 쌓는다
Concrete Experience

새로운 프로젝트를
기획하다

월경원에서 쌓은 지혜를
가지고 나가는 프로세스

월경을 통해 얻은 스킬을
돌아보다

6
현상을 관찰하고 돌아본다
Reflective Observation

월경이 본업에서 일으키는
시너지 효과를 정리하고
명확화하다

7
노하우화한다
Abstract Conceptualization

자신의 경험을 널리 알리고
다른 사람의 패럴렐 커리어를
촉진하다

8
현장에서 테스트한다
Active Experimentation

월경적 학습이란 '홈과 어웨이의 왕복운동'이다

이처럼 월경은 '일방통행'이 아니다. 양쪽을 '왕복'하며 배움의 선순환을 가속화하는 '운동'이다.

즉 **홈과 어웨이를 넘나드는 양방향 경험학습**이 바로 월경적 학습이다.

월경을 할 때는 [도표 5-8]의 8단계에 유의할 필요가 있다. 사키야마 씨의 사례에 대입해 정리했으니 참고하기 바란다.

'월경'을 거듭하면 '입지감'도 높아진다

이렇듯 월경적 학습에는 '배움을 활용한다' 이상의 효과가 있다. 이른바 '월경자'는 **'지식중개자'의 확장판**에 해당하기 때문이다.

우리가 입지를 확보하는 데에는 '분산기억'에 바탕을 둔 '허브적 행동'이 중요한 열쇠가 된다고 이야기했다(159페이지).

누군가가 당신에게 상담을 요청했을 때 문제를 직접 해결해주기보다는 'Who Knows What'이라는 정보를 매개함으로써 간접적으로 팀과 조직에 기여하는 행동이 요구된다. 이는 '부서 또는 세대를 넘나드는 월경'이라고도 할 수 있다.

한편 좁은 의미의 월경적 학습에서도 '월경자'는 지식을 매개하는 '지식중개자'로서 기능한다.

[도표 5-9]는 '입지를 확보하는 데 영향을 미치는 경험'을 분석한 결과다.

순위	항목	영향도 (β)
1	자신보다 나이가 많은 부하를 관리한 경험	.086
2	**사외 스터디, 교류회**	**.062**
3	신규사업 추진	.053
4	연수 수강(사내 커리어 카운슬링)	.050
5	연수 수강(리더십 스킬 개발)	.049

'월경'의 경험은 '직장 내 입지감'을 높인다

주: 연령, 이직횟수, 근속연수를 등의 속성을 통제한 중회귀분석 결과. 모두 5% 수준으로 유의함.
출처: 이시야마 노부타카, 퍼솔종합연구소(2017). 미들 & 시니어의 약진 실태조사.

'사외 스터디 또는 교류회'라는 월경 행동이 2위를 차지했다는 점에서 알 수 있듯이 **'홈'과 '어웨이'를 넘나드는 경험은 학습자 본인의 입지감을 높이는 데에도 기여한다.**

단 '부서 또는 세대'보다는 '회사 안팎'을 넘나드는 월경자가 느끼는 입지감의 차원이 더 높다고 할 수 있다.

즉 전자가 **'회사에서의 입지감'**이라면 후자는 **'사회에서의 입지 감'**에 해당한다.

* * *

지금까지 미들 & 시니어의 자주력을 높이는 5가지 행동특성을 살펴봤다. PEDAL 가운데 당신은 특히 무엇이 부족하다고 느끼는가? 이쯤에서 다시 한번 다음과 같이 질문한다면 어떻게 대답하겠는가?

"당신은 무엇을 위해 일하는가?"

⇦➡ REFLECTION

- 당신의 '월경' 체험 세 가지를 떠올려보자. 그중 가장 많은 것을 배운 월경은 무엇인가? 그 이유는 무엇인가?
- 회사 명함 외에 '제2의 명함'을 만든다면 당신은 어떤 내용을 기재하겠는가? '월경처'에서 만난 사람에게 어떤 지식과 경험을 어필할 수 있을지 생각하며 명함 시안을 상상해보자.

현실을 직시한다

[RCP]

지금부터 할 수 있는 일 20

'포스트 오프'라는 '현실'을 직시한다

단순히 'PEDAL'을 구르기만 해서는 '조난'을 막을 수 없다

드디어 마지막 장에 이르렀다. 본격적으로 이야기를 시작하기 전에 앞에서 살펴본 내용을 되짚어보자.

우리는 미들 & 시니어기에 업무 퍼포먼스의 '골짜기'를 경험하고 커리어 미스트 속에서 길을 잃는다. 이 같은 '미들 & 시니어의 우울'에는 두 가지 요인이 있다.

1 애당초 '길'을 잘 모른다

2 '스스로 달리는 힘'을 잃어버렸다

'일본식 고용'은 시스템 그 자체로는 대단히 훌륭하지만 일하는 사람에게서 자주력을 빼앗는다. 이 때문에 정체감을 느끼면서도 스스로 움직이는 능력을 잃은 채 정년까지 그저 버티기만 하는 사람이 적지 않다. 스스로 자전거의 페달을 굴려 그 상황을 벗어나기 위해 필요한 것이 PEDAL이라는 5가지 행동이다.

한편 미들 & 시니어기에 길을 잃는 또 다른 중요한 원인은 '애당초 길을 잘 모른다', 즉 **커리어에 대한 통찰이 결여돼 있다는 점이다.** 자신의 앞날을 예견하지 못한 상태에서 커다란 변화를 겪으면 "이럴 리 없다!", "이런 경우는 듣도 보도 못했다!" 하며 충격을 받게 된다.

이러한 리얼리티 쇼크를 완화 또는 회피하기 위해서는 미래의 커리어를 현실적이고 냉정하게 내다보는 **리얼리스틱 커리어 프리뷰**(RCP)가 효과적이라고 이야기했다.

이에 이 장에서는 데이터를 바탕으로 구체적으로 어떻게 미래를 전망해야 좋을지 생각해보고자 한다.

일본 회사원이 경험하는 '최대의 불합리'

미들 & 시니어의 커리어에 중대한 변화가 발생하는 타이밍, 즉 RCP가 필요한 때는 크게 다음 두 가지다.

1 포스트 오프

2 정년 후 재고용

일정한 시기에 보직을 해제하는 포스트 오프에는 정식 제도로 운영되는 것과 비공식 관행으로 이뤄지는 것 두 종류가 있다.

일본경영단체연합회가 대기업 121개 사를 대상으로 실시한 조사([도표 6-1])에 따르면 포스트 오프를 도입한 기업은 48.3퍼센트로 약 절반에 달하며 도입을 검토하고 있는 기업은 5.8퍼센트였다.

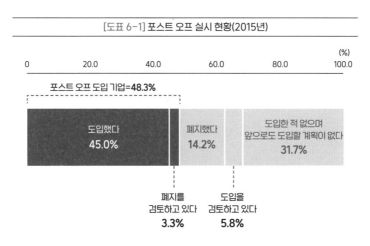

[도표 6-1] 포스트 오프 실시 현황(2015년)

대기업의 다수는 '포스트 오프'를 도입

주: 2015년 9월에 조사 실시, 일본 경제단체연합회 고용정책위원회와 노동법규위원회 121개 사 및 단체가 응답.
출처: 일본 경제단체연합회(2015), 중고령 종업원의 활약 추진에 관한 설문조사 결과.

한편 도입한 곳 중 폐지를 검토하고 있는 기업은 3.3퍼센트, 이미 폐지한 기업은 14.2퍼센트였다.

이처럼 대기업의 경우 포스트 오프를 도입한 곳이 상당수를 차지하는데 기업에 따라 그 대응방식에는 다소 차이가 있다. [39]

그러나 어떤 방식이든 능력이나 성과와는 무관하게 오로지 '나이'만을 기준으로 삼아 일률적으로 보직을 해제하는 제도 또는 관행은 전 세계에서도 그 예를 찾아보기 힘들다.

문제는 이것이 합리적이고 계획적으로 설계된 것이 아니라 **일본식 고용의 '왜곡'을 바로잡기 위해 불가피하게 이뤄지고 있다**는 점이다. 즉 젊은 인재의 육성 또는 인건비 절감을 원하는 기업 측의 사정이 그 배경에 있는 것이다.

따라서 대부분의 경우 포스트 오프에서 업무 퍼포먼스나 능력은 고려 대상이 아니다. 임원 등 일정 직위 이상으로 승진하지 않는 한 아무리 뛰어난 성과를 내더라도, 좋게 말하면 '평등하게' 나쁘게 말하면 '무자비하게' 포스트 오프의 대상이 된다.

이 같은 외발적 커리어 이벤트는 **당사자에게 지극히 '불합리'하게 느껴진다.** 이런 이유로 포스트 오프가 미들 & 시니어기의 '골짜기'를 낳는다는 것은 이미 살펴본 바와 같다.

[도표 6-2]는 포스트 오프를 경험한 사람들이 당시의 감정을 기술한 내용이다. 어떤 의미에서는 이것이 이번 조사에서 얻은 가장 충격적인 데이터라고 생각된다.

[도표 6-2] 포스트 오프 이후의 감정(부정적 측면, 자유 기술)

	항목
납득하기 어려움	"너무 황당해서 일할 마음이 전혀 들지 않았다." "불합리하다고 느꼈다. 회사를 그만두고 싶지만, 수입이 끊기면 힘들어지기 때문에 참고 있다." "보직정년의 연령이 너무 이르다고 느꼈다." "현행 직제상 보직정년(55세) 이후에는 아무리 열심히 일해도 승진할 수 없기 때문에 보직정년 도달 시점의 직위에 부합하는 처우가 정년(60세)까지 이어질지 의문이다." "예고 없이 보직이 해제됐지만 하는 일이 그대로여서 별다른 차이는 느끼지 못한다. 다만 회사에 대한 불신이 생겼다."
당혹감	"보직정년은 받아들일 수 있지만, 다른 부서로 이동돼 업무가 변경된 점이 당황스러웠다." "언젠가 포스트 오프를 맞이할 줄은 알았지만, 내 계산보다 3년이나 빨랐다." "보직 변경에는 특별히 불만은 없지만, 나에게 요구하는 역할이 무엇인지 불분명하다는 점에서 회사에 대한 불신이 커지고 있다." "머리로는 이해하지만, 실제 변화(수입, 환경, 업무)가 생각했던 것보다 크다." "회사 일에만 매달리지 않고 몇 년 전부터 부업과 취미를 시작한 덕분에 정신적 여유를 얻어 다행이라고 느낀다." "회사의 제도니 받아들일 수밖에 없지만, 보직을 내려놓기에는 내가 아직 한창이라는 느낌을 지울 수 없다. 앞으로는 시니어 세대도 활약할 수 있는 회사가 되기를 기대한다." "사내 정보도 입수하기 어렵고 참석할 회의도 줄어 주류에서 밀려났음을 실감했다."
상실감	"포스트 오프 이후 경험이 전무한 분야를 담당하게 됐다. 의욕을 상실해 이대로는 폐인이 될 것 같다." "동기 중에 가장 먼저 출세했는데 어째서 갑자기 직위를 박탈당해야 하는지……. 의문과 상실감으로 잠 못 이루는 날이 이어졌다." "나에게 회사란 과연 무엇이었을까?" "어처구니가 없었다."

출처: 이시야마 노부타카, 퍼솔종합연구소(2017), 미들 & 시니어의 약진 실태조사.

…… 어떠한가? 나도 모르게 외면하고 싶어지는 적나라한 감정을 엿볼 수 있었을 것이다.

"지금까지 최선을 다했는데, 왜??", "나는 아직 한창인데, 어째서??" '**포스트 오프의 골짜기**'에는 이처럼 복잡한 감정이 응집돼 있다.

이 데이터를 공개하는 것은 독자 여러분에게 겁을 주거나 부정적 감정을 부추기기 위해서가 아니다. 포스트 오프라는 현실을 직시하길 바라기 때문이다.

미래를 냉정하게 내다보고 대비하면 포스트 오프로 인한 정체감을 예방할 수 있다.

[도표 6-3]은 포스트 오프의 '성공'과 '실패'가 입지감과 만족감에 어떤 영향을 미치는지를 분석한 결과다. 마이너스 부호는 부정적 영향을 의미한다.

그림에서 보는 바와 같이 포스트 오프에 '성공'한 사람은 회사 내지 업무에 대한 만족도가 상승하는 반면, **포스트 오프로 인해 좌절감을 느낀 사람은 모든 면에서 만족도가 하락했다.**

역시 포스트 오프에 어떻게 대처하는가가 후회 없는 회사원 인생을 보내는 데 대단히 중요하게 작용함을 알 수 있다.

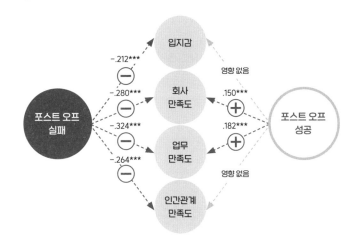

입지감

회사
만족도

업무
만족도

인간관계
만족도

포스트 오프
실패

포스트 오프
성공

−.212***

−.280***

−.324***

−.264***

.150***

.182***

영향 없음

영향 없음

포스트 오프는 '회사원 인생의 성패'를 가르는 분기점이다!

주: 연령, 이직횟수, 근속연수를 등의 속성을 통제한 중회귀분석 결과. ***은 1% 수준, **은 5% 수준으로 통계적으로 유의함.
출처: 이시야마 노부타카, 퍼솔종합연구소(2017), 미들 & 시니어의 약진 실태조사.

무려 30퍼센트가 아무런 대책 없이 '포스트 오프'를 맞이한다

포스트 오프의 대상이 된 사람은 어떤 변화를 경험하고 어떤 지점에서 난관에 봉착할까?

[도표 6-4]는 포스트 오프 경험자에게 '포스트 오프 전에 어떤 준비를 했는지' 물은 결과다.

이중 주목할 부분은 오른쪽 끝의 두 항목이다. "되도록 생각하지 않으려고 했다", "특별히 준비한 것은 없다" 등 **꽤 높은 비율의 사**

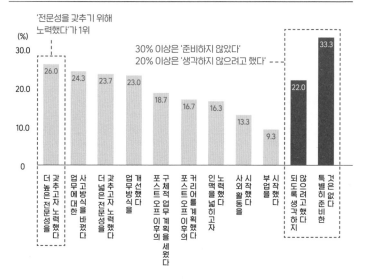

[도표 6-4] 포스트 오프 전에 어떤 '준비'를 했는가?

'언젠가는 다가올 미래'를 외면하고 있지는 않은가?

출처: 이시야마 노부타카, 퍼솔종합연구소(2017). 미들 & 시니어의 약진 실태조사.

람이 포스트 오프 이후의 커리어에 대비하지 않았음**을 알 수 있다.

어째서 이렇게나 많은 사람이 아무런 대책을 세우지 않은 것인지 의아하지 않은가? 너무 갑작스럽게 통보를 받아서 대비할 시간이 부족했던 걸까?

데이터를 보는 한 그 가능성은 작아 보인다. [도표 6-5]는 (포스트 오프에 관해) 1년 이상 전에 설명을 들은 그룹과 설명을 듣지 못했거나 직전에 설명을 들은 그룹에서 각각 '별다른 대비를 하지 않

[도표 6-5] '사전 설명 여부'에 따른 '포스트 오프 대책' 비교

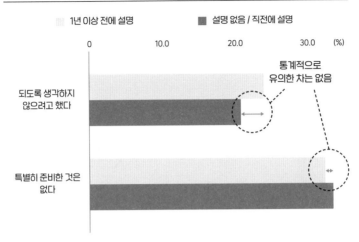

사전 설명 여부는 포스트 오프 대비에 영향을 미치지 않는다

출처: 이시야마 노부타카, 퍼솔종합연구소(2017). 미들 & 시니어의 약진 실태조사.

은 사람'이 차지하는 비율을 나타낸 결과다.

보는 바와 같이 **일찌감치 포스트 오프를 고지해도 '대비하지 않는 사람'의 비율에는 큰 차이가 없었다.** 그 차이는 통계적으로 무의미한 정도에 불과했다.

그렇다면 우리가 포스트 오프를 직시하지 않는 데에는 무언가 다른 이유가 있는 것 아닐까? 그것은 과연 무엇일까?

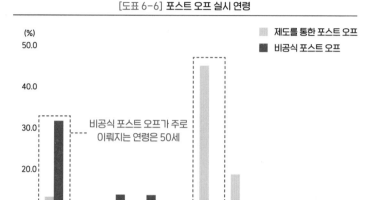

[도표 6-6] 포스트 오프 실시 연령

(%)

■ 제도를 통한 포스트 오프
■ 비공식 포스트 오프

비공식 포스트 오프가 주로
이뤄지는 연령은 50세

제도로서의 '보직정년 연령'은 '55세'가 최다

출처: 이시야마 노부타카, 퍼솔종합연구소(2017), 미들 & 시니어의 약진 실태조사.

어째서 '갑작스러운 일'처럼 느껴질까?

[도표 6-6]은 포스트 오프를 맞이하는 시기(연령)에 관한 조사 결과다. 연한 색 그래프는 정식 제도를 통한 포스트 오프, 진한 색 그래프는 관행적으로 이뤄지는 비공식 포스트 오프의 비율을 나타낸 것이다.

비공식 포스트 오프는 50세에 집중되는 데 비해, 정식 제도를 운용하는 기업에서는 55세를 보직정년으로 설정한 곳이 가장 많은 것으로 나타났다.

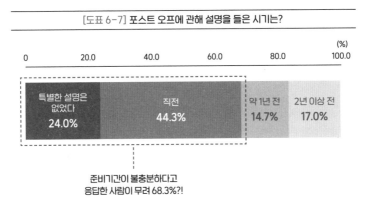

[도표 6-7] 포스트 오프에 관해 설명을 들은 시기는?

| 특별한 설명은 없었다 24.0% | 직전 44.3% | 약 1년 전 14.7% | 2년 이상 전 17.0% |

준비기간이 불충분하다고
응답한 사람이 무려 68.3%?!

'제도를 통한 포스트 오프'가 59.6%인데, 어째서……?

출처: 이시야마 노부타카, 퍼솔종합연구소(2017). 미들 & 시니어의 약진 실태조사.

한 가지 주목할 점은 응답자 300명 가운데 절반 이상(59.6퍼센트)이 정식 제도를 통해 보직이 해제됐다는 점이다.

이 점을 기억하며 또 하나의 데이터를 살펴보자. [도표 6-7]은 "포스트 오프에 관해 회사에서 설명을 들은 시기는 언제인가?"라는 질문에 대한 응답 결과다.

"포스트 오프 직전에 설명을 들었다"와 "설명을 듣지 못했다"를 합산하면 무려 68.3퍼센트에 달한다.

뭔가 이상한 점을 발견하지 못했는가? 분명 59.6퍼센트가 정식 제도를 통해 포스트 오프를 경험했는데도 70퍼센트에 가까운 사람이 설명을 듣지 못했거나 직전에 설명을 들었다고 응답했다. 어째서 이런 왜곡이 발생하는 것일까?

"나는 괜찮을 것이다"라는 안이한 낙관에 사로잡히다

포스트 오프를 정식 제도로 운영하는 회사에서는 어떤 방식으로든 사전 고지가 이뤄질 것이다. 또 취업규칙이나 인사평가제도의 설명자료 등에도 이를 반드시 명기하도록 규정하고 있다. 백번 양보해 이를 간과했다 하더라도 선배들이 일정 연령이 되면 보직에서 내려오는 광경을 목격했을 터다. 적어도 보직정년 제도가 있는 회사에 근무하는 한 **언젠가 자신도 포스트 오프의 대상이 된다는 사실을 몰랐을 리 없다.** 그런데도 이를 '갑작스러운 일'로 받아들이는 이유는 무엇일까? **"나는 괜찮을 것이다", "나만은 예외가 될 수 있다"**라는 근거 없는 낙관에 사로잡혀 있던 것은 아닐까?

또는 보직이 해제될 것을 알면서도 "받아들일 수 없다", "생각하고 싶지 않다"라는 심리적 저항 때문에 현실을 외면하고 싶었는지도 모른다. 포스트 오프에 대한 RCP 결여의 배경에는 이 같은 '멘탈 배리어'(Mental Barrier)가 존재한다. 이를 극복하기 위해서는 포스트 오프 경험자의 '실상'을 확인하고 과도한 부정적 감정을 거둘 필요가 있다.

⟸▶ REFLECTION

- 당신의 회사에는 포스트 오프의 제도 또는 관행이 있는가? 회사의 규정을 다시 한번 확인하자.
- 최근 5년간 포스트 오프의 대상이 된 사람을 떠올려보자. 이후 회사에서 꾸준히 활약하는 사람과 그렇지 못한 사람은 어떤 차이가 있는가?

다시 한번 도약하기 위한 '도움닫기'를 한다

지금부터 할 수 있는 일 21

보직이 해제된 사람은 '이것' 때문에 당황한다

포스트 오프 이후에는 어떤 점이 달라질까? 어떤 변화를 각오해야 할까?

[도표 6-8]은 포스트 오프 이후에 발생한 실제 '변화'와 그에 대한 '예상'을 항목별로 비교한 결과다. 그 차이가 클수록 '안이한 예상'이었음을 의미한다.

그중에서도 특히 '상사', '부하의 인원', '연봉', '업무 내용'의 네 항목에서 안이한 예상을 하고 있었음을 알 수 있다. 이들이야말로 포스트 오프로 인한 리얼리티 쇼크의 근원이라고 할 수 있다.

부하가 아무리 많다 해도 관리직에서 내려오는 순간 그 수는 제

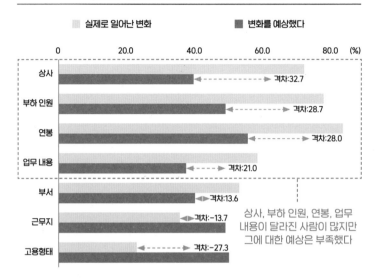

실제로 일어난 변화　　　변화를 예상했다

상사	격차:32.7
부하 인원	격차:28.7
연봉	격차:28.0
업무 내용	격차:21.0
부서	격차:13.6
근무지	격차:-13.7
고용형태	격차:-27.3

상사, 부하 인원, 연봉, 업무 내용이 달라진 사람이 많지만 그에 대한 예상은 부족했다

포스트 오프에 대한 '예상'이 안이하지 않은가?

출처: 이시야마 노부타카, 퍼솔종합연구소(2017). 미들 & 시니어의 약진 실태조사.

로가 된다. 심지어 그동안 자신의 부하였던 사람이 인솔하는 팀에 배치되는 경우도 있다. 수입 면에서도 관리직수당 등을 받지 못하게 됨에 따라 연봉이 줄어드는 것을 각오해야 한다. 또 아랫사람에게 일임했던 잡무도 스스로 처리해야 한다.

그런데 잘 생각해보면 이 같은 변화는 모두 충분히 예상이 가능하다. **문제는 변화의 '정도'가 예상을 웃도는 데 있다.**

RCP는 근거 없는 낙관에 기대지 않고 현실을 직시함으로써 이러한 변화에 대비하기 위한 행동이다. 그리고 이를 위해 우리는 많은 일을 할 수 있다.

포스트 오프는 회사에 따라 다양한 방식으로 이뤄지므로 먼저 인사 담당자와 적극적으로 상담하는 것이 좋다. 또 포스트 오프를 먼저 겪은 선배의 경험담을 듣는 것도 도움이 된다.

부하가 많은 사람일수록 '상실감'도 크다

포스트 오프로 인해 발생하는 변화의 실태를 다음 세 가지 관점에서 조금 더 자세히 살펴보자.

1 환경의 변화

2 행동의 변화

3 의식의 변화

먼저 [도표 6-9]를 참고해 포스트 오프 경험자가 실감한 '1 환경의 변화'를 살펴보자.

"회의 참석이 줄었다"가 1위를 차지했는데 참으로 피부에 와닿는 변화가 아닐 수 없다.

2위를 차지한 "회사 내부 정보를 입수하기 어려워졌다" 또한 1위와 관계가 있다고 생각된다. 또 "상담을 요청받는 일이 줄었다",

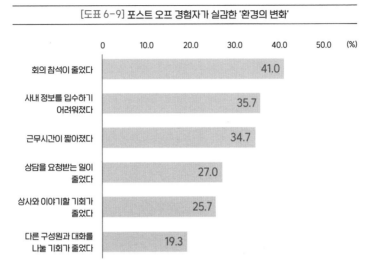

[도표 6-9] 포스트 오프 경험자가 실감한 '환경의 변화'

회의 참석이 줄었다	41.0	
사내 정보를 입수하기 어려워졌다	35.7	
근무시간이 짧아졌다	34.7	
상담을 요청받는 일이 줄었다	27.0	
상사와 이야기할 기회가 줄었다	25.7	
다른 구성원과 대화를 나눌 기회가 줄었다	19.3	

사내 '정보 네트워크'에서 멀어지다

출처: 이시야마 노부타카, 퍼솔종합연구소(2017). 미들 & 시니어의 약진 실태조사.

"상사와 이야기할 기회가 줄었다", "다른 구성원과 대화를 나눌 기회가 줄었다" 등 커뮤니케이션 환경의 변화에 관한 항목이 다수 포함돼 있다.

바로 지금 수많은 회의와 방대한 메일을 처리하는 일이 지긋지긋하게 느껴진다며 한번 상상해보기 바란다. 어느 날 갑자기 참석할 회의도 회신할 메일도 사라진다면 어떤 기분이 들까? 몸은 조금 편해질지 모르지만, 오히려 "나는 과연 회사에 필요한 사람인가?" 하는 의문이 들지 않을까?

높은 직위 덕분에 다양한 정보에 손쉽게 접근할 수 있었던 사람도 보직에서 해임되는 순간 그러한 '정보 네트워크'에서 배제된다. 이렇게 생각하면 포스트 오프 경험자의 '입지감'이 낮아지는 것도 어쩌면 당연한 일이다.

'전직 관리자'에게 당혹감을 안기는 '역방향' 역할 이행

다음으로 '2 행동의 변화'를 살펴보자. 포스트 오프 이후 우리의 행동은 어떻게 달라져야 할까? 그리고 어떤 행동에 어려움을 겪게 될까?

[도표 6-10]에서 먼저 눈에 띄는 응답은 "새로운 일에 도전하지 않게 됐다"다.

"중요한 업무는 젊은 사원에게 양보하게 됐다"는 후진에게 길을 열어주기 위한 긍정적 배려로 해석할 수도 있다. 그러나 이것이 **새로운 일에 도전하지 않는 자신을 정당화하는 구실**이라면 이야기는 달라진다.

과거에는 부하를 보호해야 할 관리자로서 위험 부담이 큰 일에 도전하기가 쉽지 않았을 수 있다.

그러한 중압감에서 자유로워졌으니 홀가분한 마음으로 새로운 일에 도전해도 좋을 텐데 오히려 몸이 무거워지는 것이다.

또 다른 포인트는 "자신에게 요구되는 역할이 무엇인지 잘 모르

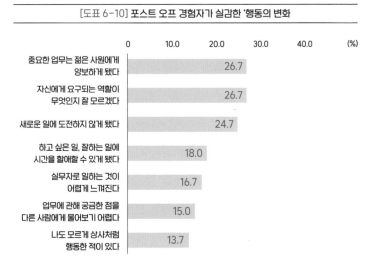

[도표 6-10] 포스트 오프 경험자가 실감한 '행동의 변화

중요한 업무는 젊은 사원에게 양보하게 됐다	26.7
자신에게 요구되는 역할이 무엇인지 잘 모르겠다	26.7
새로운 일에 도전하지 않게 됐다	24.7
하고 싶은 일, 잘하는 일에 시간을 할애할 수 있게 됐다	18.0
실무자로 일하는 것이 어렵게 느껴진다	16.7
업무에 관해 궁금한 점을 다른 사람에게 물어보기 어렵다	15.0
나도 모르게 상사처럼 행동한 적이 있다	13.7

'도전정신의 저하'와 '새로운 역할에 대한 당혹감'

출처: 이시야마 노부타카, 퍼솔종합연구소(2017). 미들 & 시니어의 약진 실태조사.

겠다"라고 답한 점이다.

실무자에서 관리직으로 **역할 이행**이 이뤄질 때는 누구나 어려움을 느끼고 벽에 부딪힌다.

그로부터 긴 세월이 흘러 포스트 오프를 맞이하면 **관리직에서 실무자로의 '역방향' 역할 이행**이 이뤄지는데, 중책을 내려놓고 정보에서 멀어지는 등의 변화가 오히려 발목을 잡는 것이다.

"실무자로 일하는 것이 어렵게 느껴진다", "나도 모르게 상사처럼 행동한다", "업무에 관해 궁금한 점이 생겨도 다른 사람에게 물

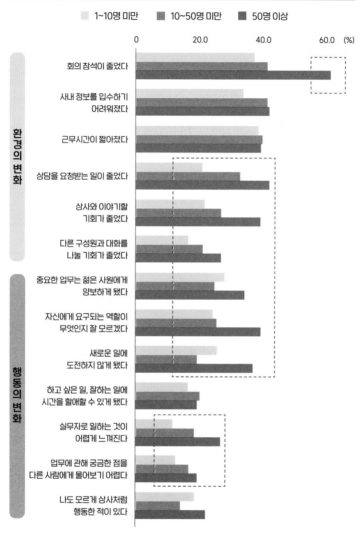

[도표 6-11] 포스트 오프 이후의 환경과 행동의 변화(부하 인원별 비교)

■ 1~10명 미만　■ 10~50명 미만　■ 50명 이상

환경의 변화

- 회의 참석이 줄었다
- 사내 정보를 입수하기 어려워졌다
- 근무시간이 짧아졌다
- 상담을 요청받는 일이 줄었다
- 상사와 이야기할 기회가 줄었다
- 다른 구성원과 대화를 나눌 기회가 줄었다

행동의 변화

- 중요한 업무는 젊은 사원에게 양보하게 됐다
- 자신에게 요구되는 역할이 무엇인지 잘 모르겠다
- 새로운 일에 도전하지 않게 됐다
- 하고 싶은 일, 잘하는 일에 시간을 할애할 수 있게 됐다
- 실무자로 일하는 것이 어렵게 느껴진다
- 업무에 관해 궁금한 점을 다른 사람에게 물어보기 어렵다
- 나도 모르게 상사처럼 행동한 적이 있다

거느리던 부하가 많을수록 '커다란 변화'를 경험한다

출처: 이시야마 노부타카, 퍼솔종합연구소(2017). 미들 & 시니어의 약진 실태조사.

어보기가 꺼려진다"라는 응답도 이러한 역방향 역할 이행에 어려움을 겪는 증거다.

참고로 [도표 6-11]은 포스트 오프 전에 거느리던 '부하의 인원'에 따른 '환경'과 '행동'의 변화를 비교한 결과다.

당연하다면 당연한 결과지만, 포스트 오프 전에 거느리던 부하의 수가 많을수록 더 큰 상실감을 느낀다는 사실을 알 수 있다. 커뮤니케이션 내지 정보 교류의 기회가 많았던 만큼 그에 비례해 당혹감의 크기도 더 커지는 듯하다.

'직위에 대한 집착'에서 비롯되는 정체성 위기

환경과 행동의 변화에 직면한 포스트 오프 경험자의 마음속에서는 무슨 일이 벌어지고 있을까? [도표 6-12]는 업무에 대한 '3 의식의 변화'를 분석한 결과 결과다.

예상대로 포스트 오프는 개인에게 상당한 심리적 충격을 가하는 듯하다. '의욕 저하', '상실감, 허무감', '회사에 대한 신뢰 하락', '환경 변화에 대한 당혹감', '존재 가치에 대한 의문', '납득하기 어려움' 등 무척이나 솔직한 심정을 토로하고 있다.

'직위에 대한 집착' 때문에 승진 플래토(승진 정체)에만 온통 신경이 집중된 나머지 내용 플래토(성장 정체)를 자각하지 못하게 된다는 점은 이미 설명했다(70페이지). 포스트 오프에 이르러서까지 이

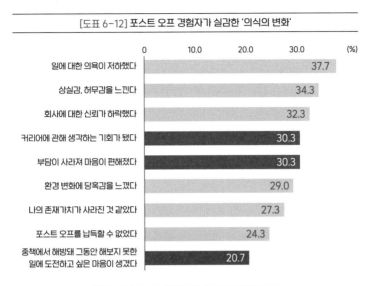

[도표 6-12] 포스트 오프 경험자가 실감한 '의식의 변화'

	(%)
일에 대한 의욕이 저하했다	37.7
상실감, 허무감을 느낀다	34.3
회사에 대한 신뢰가 하락했다	32.3
커리어에 관해 생각하는 기회가 됐다	30.3
부담이 사라져 마음이 편해졌다	30.3
환경 변화에 당혹감을 느꼈다	29.0
나의 존재가치가 사라진 것 같았다	27.3
포스트 오프를 납득할 수 없었다	24.3
중책에서 해방돼 그동안 해보지 못한 일에 도전하고 싶은 마음이 생겼다	20.7

의욕 저하가 1위, 의욕이 높아진 사람은 20%

출처: 이시야마 노부타카, 퍼솔종합연구소(2017), 미들 & 시니어의 약진 실태조사.

같은 집착을 버리지 못하는 사람에게 직위란 이미 정체성의 일부로 자리 잡았다고 봐야 할 것이다. 그런데 느닷없이 그 정체성을 박탈당하는 셈이니 이것이 커다란 심리적 충격으로 이어지는 것도 이상한 일은 아니다.

'역할 변화'에 잘 적응하는 사람의 특징
지금까지 포스트 오프로 인한 리얼리티 쇼크를 살펴봤는데,

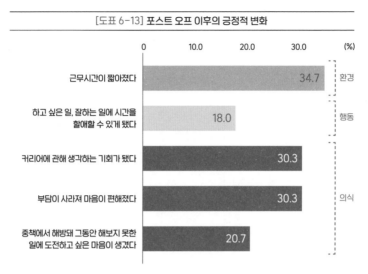

[도표 6-13] 포스트 오프 이후의 긍정적 변화

근무시간이 짧아졌다	34.7 환경
하고 싶은 일, 잘하는 일에 시간을 할애할 수 있게 됐다	18.0 행동
커리어에 관해 생각하는 기회가 됐다	30.3
부담이 사라져 마음이 편해졌다	30.3 의식
중책에서 해방돼 그동안 해보지 못한 일에 도전하고 싶은 마음이 생겼다	20.7

사내 '정보 네트워크'에서 멀어지다

출처: 이시야마 노부타카. 퍼솔종합연구소(2017). 미들 & 시니어의 약진 실태조사.

RCP의 본질은 부정적인 면에 주목해 미래를 비관하는 것이 아니다. 포스트 오프 경험자가 실감하는 '긍정적 변화'에 관해서도 살펴보자.

[도표 6-13]을 보면 알 수 있듯이 '환경', '행동', '의식'의 모든 면에서 긍정적 변화 또한 나타났다.

보직을 내려놓으면 가장 먼저 시간적 여유를 실감하는 듯하나, 무엇보다 큰 비중을 차지하는 것은 역시나 의식의 변화다. 무거운 책임을 내려놓고 압박감에서 벗어남으로써 자신의 커리어에 관해

항목
"당시 사장과 뜻이 맞지 않았는데 **포스트 오프 이후 보란 듯이 현장에서 실적을 높이는 데 전념했다.** 후임 사장이 부임한 후 포스트 오프 이전보다 높은 직위로 승격됐다."
"보직을 내려놓은 후 개인 업무에 집중하게 되면서 이전보다 더 쉽게 성과를 올리게 됐다. 특히 회의를 준비하고 진행하는 데 할애했던 시간을 내 업무를 계획하고 준비하는 데 사용하게 돼 성과가 크게 향상했다."
"지금까지의 연장선에 있지 않다는 점을 의식하고 그것을 주위에도 어필할 필요가 있었다."
"연봉은 줄었지만 입사 이래 최고의 실적을 남기자고 다짐했다."
"회의와 같은 일정이 줄어 내게 주어진 업무에 몰두할 수 있는 시간이 늘었다."

'역방향 역할 이행'에 성공한 사람도 있다!

출처: 이시야마 노부타카, 퍼솔종합연구소(2017). 미들 & 시니어의 약진 실태조사.

더욱 진지하게 생각하게 되는 사람도 있다.

실제로 이번 조사를 통해 포스트 오프를 계기로 커리어의 '골짜기'에 빠지는 사람이 있는가 하면 오히려 긍정적 변화를 만들어내는 사람도 일정 수 존재한다는 사실을 알게 됐다.

[도표 6-14]는 '역방향 역할 이행'에 성공한 사람의 목소리를 정리한 것이다. 이들이 어떻게 사고방식을 바꾸고 역할 변화에 대응했는지 살펴보는 것만으로도 큰 도움이 되리라 생각된다.

이쯤에서 궁금해지는 것은 포스트 오프를 기회로 바꾼 사람과 그렇지 못한 사람은 어떤 차이가 있는가 하는 점이다.

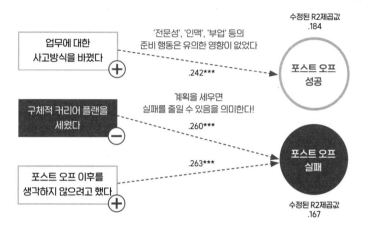

[도표 6-15] 포스트 오프의 성패에 영향을 미치는 '준비 행동'

업무에 대한 사고방식을 바꿨다 ⊕

'전문성', '인맥', '부업' 등의 준비 행동은 유의한 영향이 없었다

.242***

수정된 R2제곱값 .184

포스트 오프 성공

구체적 커리어 플랜을 세웠다 ⊖

계획을 세우면 실패를 줄일 수 있음을 의미한다!

.260***

포스트 오프 이후를 생각하지 않으려고 했다 ⊕

.263***

포스트 오프 실패

수정된 R2제곱값 .167

포스트 오프 성공에 영향을 미치는 것은 '생각의 전환'

주: 연령, 이직횟수, 근속연수를 등의 속성을 통제한 중회귀분석 결과. ***은 1% 수준, **은 5% 수준으로 통계적으로 유의함.
출처: 이시야마 노부타카, 퍼솔종합연구소(2017), 미들 & 시니어의 약진 실태조사.

[도표 6-15]는 포스트 오프의 '성공'과 '실패'를 좌우하는 '준비행동'을 분석한 결과다. 이를 보면 **'포스트 오프를 외면하는 것'이야말로 실패의 중대 요인**임을 알 수 있다.

반대로 포스트 오프 이전부터 구체적 커리어 플랜을 세우고 업무에 대한 사고방식을 바꾼, 즉 **역할 이행을 위한 '도움닫기'를 시작한 사람은 실무자로 돌아갔을 때도 좌절을 겪지 않았다.**

관리직에서 실무자로 돌아가서도 빛나는 사람

나에게 체험담 들려준 곤도 씨는 포스트 오프에 성공한 인물 중 하나다.

일본 굴지의 대기업에서 수십 명의 부하를 거느리는 영업부장이었던 그는 회사 규정상 55세에 '보직정년'을 맞이하게 될 것을 알고 있었다.

그래서 52세, 즉 포스트 오프를 3년 앞둔 때부터 실무자로 돌아가면 도전하고 싶은 사업 아이디어를 기록하기 시작했다.

3년 후 회사 규정대로 (그리고 그의 예상대로) 포스트 오프를 맞이하게 된 곤도 씨는 대규모 부서의 부장에서 부하가 한 명도 없는 평사원 신분이 됐다.

어깨를 짓누르던 중책에서 해방되고 부서원 관리에 할애하던 시간도 자유롭게 쓸 수 있게 되자 그간 고이 간직해둔 비즈니스 아이디어를 하나씩 실행에 옮기기 시작했다.

그 결과 곤도 씨는 50대 후반에 이르러 젊은 직원들도 경탄을 금치 못할 압도적 실적을 올리는 슈퍼 플레이어가 됐다.

잔여 경기를 꾸역꾸역 소화하는 패전 선수처럼 포스트 오프 이후의 회사생활을 버티는 것이 아니라 눈부신 활약으로 채워가는 그의 밝고 당당한 표정은 동세대인 나에게도 실로 인상적이었다.

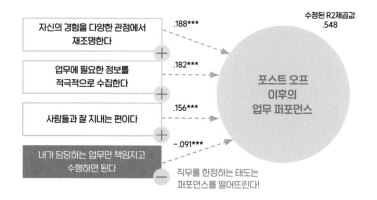

[도표 6-16] 포스트 오프 이후의 업무 퍼포먼스에 영향을 미치는 요인

자신의 경험을 다양한 관점에서 재조명한다 → .188*** →

업무에 필요한 정보를 적극적으로 수집한다 → .182*** →

사람들과 잘 지내는 편이다 → .156*** →

내가 담당하는 업무만 책임지고 수행하면 된다 → -.091*** →

포스트 오프 이후의 업무 퍼포먼스

수정된 R2제곱값 .548

직무를 한정하는 태도는 퍼포먼스를 떨어뜨린다!

"그건 내 일이 아니다"라고 생각하고 있지 않은가?

주: 연령, 이직횟수, 근속연수를 등의 속성을 통제한 중회귀분석 결과. ***은 1% 수준, **은 5% 수준으로 통계적으로 유의함.
출처: 이시야마 노부타카, 퍼솔종합연구소(2017). 미들 & 시니어의 약진 실태조사.

'내 일은 여기까지'라는 생각은 금물!

마지막으로 포스트 오프 이후의 업무 퍼포먼스에 어떤 요소가 영향을 미치는지 살펴보자([도표 6-16]).

먼저 주목할 부분은 "내가 담당하는 업무만 책임지고 수행하면 된다"라는 **'직무에 대한 한정 의식'이 부정적 영향을 미친다**는 점이다.

"나는 이제 관리자가 아니므로 부서 전체 실적에는 책임이 없다. 주어진 업무만 수행하면 된다"라며 '일의 의미'를 축소하는 태도는 업무 퍼포먼스의 하락으로 이어진다.

관리자에서 실무자로의 역할 이행이 이뤄졌다고 해서 '일의 의미'를 자신의 담당업무로 한정할 필요는 없다. '일의 의미를 탐색한다'라는 행동특성에서 살펴본 바와 같이 자신의 업무가 '조직에서 지니는 의미'를 생각하는 것은 포스트 오프 이후에도 우리의 자주력을 높이는 데 도움이 된다.

또 하나 주목할 점은 긍정적 영향 중 1위를 차지한 "자신의 경험을 다양한 관점에서 재조명한다"다.

이는 '일의 의미를 탐색한다'와 '배움을 활용한다'에 필요한 **'돌아보기'**에 해당한다. 나머지 두 항목 또한 앞에서 살펴본 PEDAL 행동과 많은 부분에서 중복된다.

이렇게 보면 포스트 오프로 인한 리얼리티 쇼크를 완화하는 데에는 RCP도 필요하지만 더 높은 퍼포먼스를 원한다면 역시나 PEDAL을 무시할 수 없다. 포스트 오프라는 미들＆시니어기 최대의 난관을 극복하기 위해서도 자주력을 높여야 한다.

⇦➡ REFLECTION

- 현재 관리직에 있고 반년 후에 '부하 없는 평사원'이 된다면 어떤 '준비'를 하겠는가?
- 정년까지 5년을 앞둔 시기에 "실무자로서 좋아하는 부서에서 좋아하는 일을 해도 좋다"라는 말을 듣는다면 어떤 일을 하고 싶은가?

시니어기의 '상승 기류'에 올라탄다

'정년 = 종착점'은 옛말이 됐다

우리가 미리 '전망'해야 할 또 다른 커리어 이벤트는 바로 '정년'이다. 정년퇴직은 개인의 인생에서도 중요한 의미를 지니는 사건이지만 이 책에서 이야기하고자 하는 것은 흔히 말하는 노후생활이 아니다.

어디까지나 커리어의 관점에서 정년 후에도 일을 계속하는 사람이 직면하게 될 현실을 함께 확인하고자 한다.

"정년 후라니, 그걸 벌써 고민하는 게 무슨 의미가 있나?"

"정년 후에 일을 계속할지 말지 아직 알 수도 없는데……."

이렇게 생각하는 사람도 있을 것이다. 그러나 정년 후에도 지금까지와 같은 조직에서 계속 일하는 사람의 비율은 결코 낮지 않다.

일본에서는 '고연령자고용안정법'의 개정으로 종업원에게 65세까지 고용기회를 보장하도록 기업에 의무화했다. 2017년 현재 99.7퍼센트의 기업이 65세까지의 고용을 인정하고는 있지만, '60세 정년'을 유지하고 있는 기업이 여전히 77.7퍼센트에 달한다.[40]

그 '괴리'를 메우기 위한 조치로서 시행되고 있는 것이 '정년 후 재고용'이다. 이 제도를 운용하는 기업의 대다수는 희망자에 한해 정년 후 재고용계약(대부분의 경우 1년 단위로 갱신)을 체결하고 기존 근로형태를 유지하는 방식을 취하고 있다.

이 같은 괴리를 근본적으로 해소하기 위해 최근에는 정년 연장에 관한 논의가 시작됐다.

우리 조사팀의 데이터([도표 6-17])에서도 57.3퍼센트가 현재 직장에 재고용을 되기를 희망하는 반면, 완전한 은퇴를 생각하는 사람은 다섯 명 중 한 명(19.7퍼센트)에 불과한 것으로 나타났다.

일본의 심각한 인력 부족과 사회보장제도의 실태를 고려하면 **정년 후 재고용을 선택하는 사람 또는 선택할 수밖에 없는 사람은 앞으로 더욱 증가할 것**으로 예상된다.

이제 더는 '정년 = 커리어의 종착점'이라는 등식이 성립하지 않는 시대가 도래하게 된 것이다.

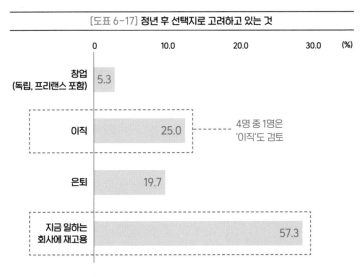

[도표 6-17] 정년 후 선택지로 고려하고 있는 것

'은퇴' 희망자는 20% 미만, 약 60%는 '재고용'을 희망

출처: 이시야마 노부타카, 퍼솔종합연구소(2017), 미들 & 시니어의 약진 실태조사.

'수입'만을 목적으로 삼으면 만족할 수 없다

실제로 정년 후 재고용을 선택한 사람들에게는 어떤 사정이 있을까?

[도표 6-18]은 정년 후 재고용을 선택한 사람에게 그 이유를 물은 결과다. 긍정적 이유와 부정적 이유를 각각 세 가지씩 정리했다. "그동안 쌓은 경험, 능력, 전문성을 활용하고 싶어서"와 같은 긍정적 이유가 있는가 하면, "연금이 나오기 전까지 경제적으로 어렵기 때문에", "회사를 그만둬도 딱히 할 일이 없어서", "가정에 내

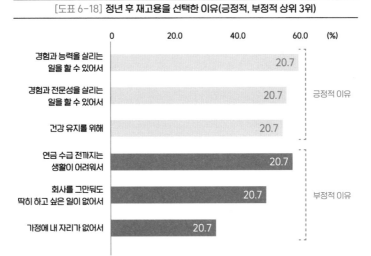

[도표 6-18] 정년 후 재고용을 선택한 이유(긍정적, 부정적 상위 3위)

경험과 능력을 살리는 일을 할 수 있어서 20.7
경험과 전문성을 살리는 일을 할 수 있어서 20.7 — 긍정적 이유
건강 유지를 위해 20.7

연금 수급 전까지는 생활이 어려워서 20.7
회사를 그만둬도 딱히 하고 싶은 일이 없어서 20.7 — 부정적 이유
가정에 내 자리가 없어서 20.7

경제적 이유로 재고용을 선택하는 사람이 많다

출처: 이시야마 노부타카, 퍼솔종합연구소(2017). 미들 & 시니어의 약진 실태조사.

자리가 없어서" 등 긍정적이라고는 말하기 어려운 이유도 눈에 띄었다.

특히 **경제적 이유로 어쩔 수 없이 재고용을 선택했다는 사람이 과반을 차지했다.**

그러나 실상 정년 후 재고용의 경우 급여 수준이 큰 폭으로 하락한다.

[도표 6-19]는 재고용을 선택한 사람의 '연봉 하락 폭'을 조사한 것이다.

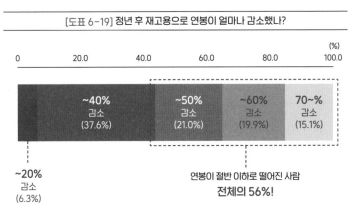

[도표 6-19] 정년 후 재고용으로 연봉이 얼마나 감소했나?

| | ~40% 감소 (37.6%) | ~50% 감소 (21.0%) | ~60% 감소 (19.9%) | 70~% 감소 (15.1%) |

~20% 감소 (6.3%)

연봉이 절반 이하로 떨어진 사람
전체의 56%!

정년 후 재고용의 경우 급여가 '평균 47.5% 하락'!

출처: 이시야마 노부타카, 퍼솔종합연구소(2017). 미들 & 시니어의 약진 실태조사.

평균 하락률은 47.5퍼센트로, "절반 이상 감소했다"라고 응답한 사람이 무려 56퍼센트나 됐다.

그중 "30퍼센트 아래로 떨어졌다"라고 응답한 사람은 15퍼센트였는데, 가령 정년 전 연봉 1억 원을 받았다면 한순간에 무려 70퍼센트가 줄어든 3,000만 원으로 생활을 꾸리게 된 것이다.

문제는 이러한 '급락'에 정당성이 있는가다.

이번 조사에서 "재고용 후 업무 내용이 달라졌다"라고 응답한 사람은 29.7퍼센트에 불과했다. 즉 예전과 똑같은 업무를 수행하는 사람이 70퍼센트에 달하는데 연봉은 평균 50퍼센트 가까이 하락했으니 **같은 일을 하면서도 연봉만 큰 폭으로 하락한 사람이 상당수 존재함**을 알 수 있다.

재고용자의 관점에서 이 같은 상황은 납득하기 어렵다. 실제로 급여 수준에 만족하는 사람은 16.7퍼센트로 **정년 후 재고용된 사람의 대다수가 불만을 품은 채 일하고 있다.**

현재 재고용자의 임금과 관련해 '동일노동 동일임금'을 둘러싼 논의가 진행되고 있다. 고용형태를 불문하는 평등한 대우의 중요성이 지적되고 있는 만큼 앞으로 상황이 개선되길 기대한다.

한편 이 책에서는 지금까지와 마찬가지로 이 같은 현실 속에서 '개인이 할 수 있는 일'에 초점을 맞춰 이야기하고자 한다.

'정년 후 후회되는 일' 1위는?

먼저 살펴보고자 하는 것은 '재고용을 선택한 사람은 정년 전에 어떤 준비를 했는가'다([도표 6-20]).

이미 포스트 오프 전의 '준비 부족'에 관한 데이터를 보고 온 터라 이 결과가 새삼스럽게 느껴지지 않을지 모르지만, 역시나 36.7퍼센트는 "정년 후에 대비하기 위해 특별히 한 일이 없다"라고 응답했다.

이처럼 **재고용을 선택한 사람의 약 40퍼센트는 별다른 준비 없이 정년을 맞이한다.** 이 또한 미들 & 시니어기에 자주력을 잃어버린 결과로 생각된다.

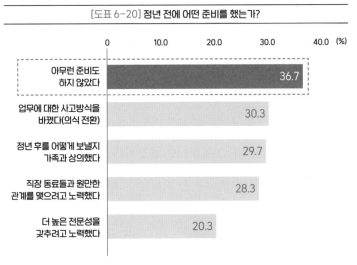

[도표 6-20] 정년 전에 어떤 준비를 했는가?

	(%)
아무런 준비도 하지 않았다	36.7
업무에 대한 사고방식을 바꿨다(의식 전환)	30.3
정년 후를 어떻게 보낼지 가족과 상의했다	29.7
직장 동료들과 원만한 관계를 맺으려고 노력했다	28.3
더 높은 전문성을 갖추려고 노력했다	20.3

정년 후 재고용 또한 '준비하지 않는 사람'이 다수

출처: 이시야마 노부타카, 퍼솔종합연구소(2017). 미들 & 시니어의 약진 실태조사.

이 밖에 "일에 대한 사고방식을 바꿨다", "정년 후 생활에 관해 가족과 의논했다" 등 중요한 내용이 상위권을 차지했지만 이들 모두 30퍼센트 내외에 머무르는 것을 보면 나머지 70퍼센트는 정년 후 대비에 소홀했다고 할 수 있다.

물론 특별히 준비하지 않아도 된다면 굳이 문제 삼을 이유도 없겠지만 현실은 그렇지 않다. 실제로 **준비를 소홀히 한 사람은 여러 가지 면에서 '후회'하고 있기 때문**이다.

[도표 6-21]은 "정년 전에 해뒀으면 좋았을 것을!" 하고 후회하는 일에 관해 물은 결과다.

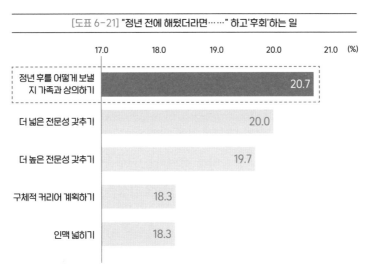

[도표 6-21] "정년 전에 해뒀더라면……" 하고 '후회'하는 일

정년 후를 어떻게 보낼지 가족과 상의하기	20.7
더 넓은 전문성 갖추기	20.0
더 높은 전문성 갖추기	19.7
구체적 커리어 계획하기	18.3
인맥 넓히기	18.3

가족이 받을 '리얼리티 쇼크'에 주의!

출처: 이시야마 노부타카, 퍼솔종합연구소(2017). 미들 & 시니어의 약진 실태조사.

　"정년 후 어떻게 보낼지 가족과 의논했으면 좋았을 것"이라는 응답이 1위를 차지한 점이 흥미롭다. 정년에 관한 정보를 제공받지 못한 가족 또한 리얼리티 쇼크를 받아 불화가 발생했을 가능성을 충분히 짐작할 수 있다. 이렇듯 **정년 후에 대한 RCP를 가족과도 충분히 공유해야 한다.**

'앞으로 몇 년 더 일할 수 있을지'

'수입이 얼마나 줄어들지'

'부모님을 어떻게 부양할지'

'퇴직금은 얼마나 될지'

'주택담보대출의 원금이 얼마나 남았는지'

'일하지 않는 시간을 어떻게 보내고 싶은지'

정년을 앞둔 사람의 다수가 이에 관해 이야기하고 싶어 하지 않는 이유는 **'수입이 크게 줄어들 것'이라는 사실을 가족에게 알리고 싶지 않기 때문**인지도 모른다. 돈 때문에 걱정을 끼치고 싶지 않아서일 수도 있고, 가족 앞에서만큼은 자존심을 지키고 싶어서일 수도 있다.

이유야 어떻든 일이 벌어지고 난 후에 사정을 알게 되는 것이 오히려 가족에게는 더 큰 충격으로 다가올 것이다. 바로 이 지점에서 불화가 발생하기 때문에 '가족과 의논하지 못한 것에 대한 후회'가 1위를 차지한 것 아닐까 생각된다. 이들의 전철을 밟지 않기 위해 경제적 문제를 포함한 정년 후 계획에 관해 가족과 반드시 상의하기 바란다.

어째서 정년이 돼서야 '전문성 결여'를 후회할까?

또 하나의 포인트는 2위와 3위를 차지한 **'전문성'**이다. 어째서 정년에 도달한 사람이 '더 넓고 높은 수준의 전문성'을 갖추지 못한 것을 후회할까?

언뜻 이해하기 어려운 부분이지만 잘 생각해보면 다음과 같이 해석할 수 있을 듯하다.

[도표 6-17](242페이지)에서 살펴본 것처럼 **30퍼센트에 가까운 사람이 정년 후 '이직' 또는 '창업'을 생각한다.**

"어쩌면 나도 승진할 수 있을지 모른다"라는 일본형 고용의 '당근'은 재고용자에게는 더는 그 효력을 발휘하지 못한다. 이에 정년을 계기로 '직장 또는 근로방식의 변화'를 고려하는 사람이 적지 않다. 이때 비로소 우리는 '내가 할 수 있는 일이 얼마나 적은지' 깨닫게 된다.

무려 40년 동안 자신에게 주어진 업무를 필사적으로 수행했지만 이를 통해 얻은 지식과 스킬을 회사 밖에서 직접 활용할 수 있는 경우는 많지 않다.

"자격을 취득했더라면 이직처 선택의 폭이 더 넓었을 텐데……."
"더 다양한 업무를 경험했더라면 창업에 도움이 됐을 텐데……."

이 같은 후회를 하지 않기 위해서는 역시 월경적 학습을 통한 배움이 필요하다. 회사에만 안주하지 말고 '홈'과 '어웨이'를 넘나들며 배움의 폭과 깊이를 더해 나가길 바란다.

미들 & 시니어기를 뒤덮었던 '안개'가 걷히는 순간

지금까지 정년을 맞이한 후 재고용된 사람이 직면하게 될 '현실'을 살펴봤다. 포스트 오프와 재고용 모두 기본적으로 엄혹한 현실이 기다리고 있다는 점에서 암담한 기분을 느낄지도 모르겠다.

그러나 절대 비관할 필요는 없다. 신입사원에게 필요한 RJP(Realistic Job Preview)와 미들 & 시니어기에 도움이 되는 RCP(Realistic Career Preview)의 결정적 차이가 바로 여기에 있기 때문이다.

RJP는 입사 후 맞닥뜨리게 될 현실적 과제를 직시하고 각오를 다지게 하는 데에 주안점이 있다(41페이지).

반면 RCP는 미래를 객관적으로 전망함으로써 자신의 행동과 사고방식을 서서히 그리고 확실히 변화시키는 계기가 된다.

즉 엄혹한 미래가 다가오기만을 손 놓고 기다리다가 그것이 현실이 됐을 때 이를 앙다물고 견뎌내는 것이 아니라, 자신의 힘으로 미래를 바꿀 수 있는 것이다.

끝으로 조금 다른 각도에서 데이터를 살펴보기로 하자. [도표 6-22]는 재고용 직후의 마음 상태를 질문한 결과다.

이미 살펴본 바와 같이 "의욕이 하락했다", "급여 하락을 받아들일 수 없다"와 같은 부정적 변화도 있었지만, 우리가 주목할 점은 2위 "부담감이 사라져 마음이 편해졌다"라는 긍정적 변화다.

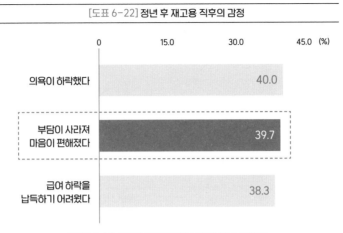

[도표 6-22] 정년 후 재고용 직후의 감정

의욕이 하락했다	40.0
부담이 사라져 마음이 편해졌다	39.7
급여 하락을 납득하기 어려웠다	38.3

'미들 & 시니어의 우울'이 한순간에 해소된다?!

출처: 이시야마 노부타카, 퍼솔종합연구소(2017). 미들 & 시니어의 약진 실태조사.

　바로 이때가 **미들 & 시니어기를 잠식하고 있던 '우울'이 걷히기 시작하는 순간**이다. 정년 후 재고용이라는 커리어 변화는 우리를 '일본식 고용'의 속박에서 해방하는 힘을 발휘하는 듯하다.

시니어기에 찾아오는 뜻밖의 '상승기류'!

　정년 후에 나타나는 이 같은 변화는 단순히 주관적 '해방감'에 그치지 않는다.

　이 책 서두(23페이지)에서 살펴본 '연령대별 업무 퍼포먼스'를 '60대 이후'를 포함해 다시 한번 확인해보자([도표 6-23]).

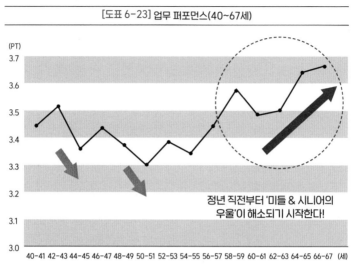

[도표 6-23] 업무 퍼포먼스(40~67세)

정년 직전부터 '미들 & 시니어의 우울'이 해소되기 시작한다!

시니어기에 찾아오는 '상승기류'에 올라탈 준비를 하자!

출처: 이시야마 노부타카, 퍼솔종합연구소(2017). 미들 & 시니어의 약진 실태조사.

놀랍게도 **정년 직후 얕은 '골짜기'를 지나고부터는 비약적인 상승 그래프를 그린다**(단, 모든 사람이 정년 후 재고용을 선택하는 것은 아니므로 정년 전후의 업무 퍼포먼스를 단순 비교하기는 어렵다).

동기와의 경쟁, 관리자로서의 중압감에서 해방되는 정년 후에 비로소 그동안 축적한 지식과 경험이 꽃을 피우며 긍정적 결과를 낳는 것이다. 이는 미들 & 시니어에게 실로 희망적인 전망이 아닐 수 없다.

그렇다면 우리는 더욱더 자주력을 길러야 한다. 정년 후 재고용을 선택하든 이직이나 창업의 길로 들어서든 취미를 즐기며 유유자적한 시간을 보내든 자주력을 길러야 한다는 사실에는 변함이 없다.

시니어기에 불어올 상승기류에 올라탈 때까지 지치지 않고 페달을 구를 수 있는 힘을 길러두느냐 그렇지 못하느냐가 나와 내 가족의 인생을 좌우할 테니.

⇨ REFLECTION

- 정년 후에 대한 전망을 가족(배우자, 파트너, 자녀, 부모 등)과 공유하고 있는가? 아직 공유하고 있지 않다면 가장 먼저 무엇부터 이야기해야 할까?
- 포스트 오프와 정년 후를 포함해 리플렉션 시트의 '미래' 부분을 채워보자. 지금 당신에게는 그 미래를 향해 '스스로 달리는 힘'이 얼마나 축적돼 있는가?

"나의 회사원 인생, 후회 없다"라고 말하기 위해

이 책은 나 혼자 집필한 것이 아니다. 다양한 분야의 전문가가 모여 조사를 진행하고 그 결과를 정리해 책으로 출간하는 프로젝트를 진행했는데, 운 좋게 내가 저자팀의 대표로 이름을 올리게 됐다. 운이 좋았다고 표현한 이유는, 내가 이 프로젝트에 참여하게 된 것은 조금은 운명적이었다고 느끼기 때문이다.

지금으로부터 6년 전 마흔여덟의 나이에 나는 '인사부문 실무자'에서 '인재 육성 연구자'가 됐다. 그야말로 미들 & 시니어기의 한복판에서 큰 결단을 내린 것이다. 감사하게도 내가 바라던 길을 선택한 덕분에 지금도 하루하루 설레는 마음으로 일하고 있다.

하지만 이런 나라고 해서 무력감에 시달릴 때가 전혀 없는 것은 아니다. 실무자로서 현장 경험을 쌓은 덕에 연구 주제를 찾는 일이 어렵지는 않지만, 막상 사회과학적 방법으로 접근하는 단계에 이르면 그 심오함에 번번이 허우적대곤 한다.

늦은 나이에 연구자가 된 나는 선배들을 조금이라도 빨리 따라잡기 위해 더 높은 전문성을 갖추고자 노력하고 있다. 하지만 선행 연구의 리뷰, 분석, 고찰에 관한 이론 구성 등의 완성도는 연구 경력에 크게 좌우되기 때문에, 어쩔 수 없이 나의 부족한 점만 눈에 들어오곤 한다. 때로는 "출발이 너무 늦었다. 이 나이에 연구자가 되는 것은 역시 무모한 도전이었나……?" 하고 망연자실할 때도 있다.

오래전 이런 나의 미래를 정확하게 예측한 사람이 있었다. 사회인대학원에 다니던 시절 내가 연구자의 길을 걷겠다고 했을 때, 나의 은사님은 이런 조언을 해주셨다.

"연구자로서 자신이 부족하게 느껴질 때가 있을 거예요. 그런 순간이 오더라도 실무 경험을 외면한 채 그럴듯한 연구자로 보이는 데에만 매달려서는 안 됩니다. 그렇게 해봐야 약점을 보완하는 데 그칠 뿐입니다. 이시야마 씨가 지닌 강점을 잊지 말아야 합니다. 연구 실적을 쌓는 것도 물론 중요하지만 실무 경험을 어떻게 녹여낼지 고민해보세요. 그러면 자신의 강점을 활용해 좋은 결과를 내는 연구자가 될 수 있을 겁니다."

돌이켜보면 최근까지도 나는 은사님의 말씀을 온전히 이해하지 못했던 것 같다. 연구자로서의 경험 부족을 지나치게 의식한 나머지 오로지 약점을 메우는 데에만 에너지를 쏟고 있었다.

그런데 이번 '미들 & 시니어의 약진 프로젝트'를 시작한 이후 내 심경에 미묘한 변화가 일어났다.

이번 프로젝트는 연구팀, 리서치 회사, 출판사, 커리어 카운슬러 등 다양한 분야의 전문가가 협력했다. 그 과정에서 모두가 단지 업무로서뿐 아니라 '나의 문제'를 해결하고 싶은 간절한 마음으로 프로젝트에 임하고 있음을 느낄 수 있었다.

이 밖에도 프로젝트의 존재를 알게 된 많은 미들 & 시니어 세대 또한 남다른 관심과 기대를 표시했다.

"우리는 아직 얼마든지 더 잘할 수 있다. 하지만 왠지 그게 잘 안 된다. 이런 상황을 타개할 힌트가 있다면 꼭 알고 싶다!"

나를 포함해 많은 미들 & 시니어 세대가 이 같은 고민을 안고 있다는 사실을 알게 된 후 은사님의 말씀을 다시 떠올리게 됐다.

'연구 경력은 짧지만 회사원으로서 현장에서 다양한 경험을 쌓고 미들 & 시니어기에 새로운 세계에 뛰어든 사람으로서 분명 이 프로젝트에 기여할 수 있는 부분이 있다. 이것이야말로 나의 실무 경험을 연구에 녹여내는 길 아니겠는가!'

이런 내 결심이 얼마나 실현됐는지는 잘 모르겠다.

그러나 이 프로젝트에 참여하게 된 것이 나에게 얼마나 큰 행운이었는지는 잘 알고 있다.

이 책을 직접 만들어낸 것은 서적 프로젝트 팀이다. 이 팀은 나를 포함한 네 명의 멤버로 구성돼 있다.

릿쿄대학 조교(퍼솔종합연구소 펠로우) 다나카 사토시(田中 聰) 씨는 오래전부터 인재 육성에 관해 열띤 논의를 하던 동료다. 이번 프로젝트를 구상한 중심인물이자 나에게 참여를 제안한 장본인이기도 하다.

퍼솔종합연구소의 주임연구원 고바야시 유지(小林 祐児) 씨는 조사 데이터 분석과 그 정리를 도맡았다. 데이터 분석 전문가일 뿐 아니라 사회과학부터 잡학에 이르기까지 조예가 깊은 그의 남다른 감각이 알기 쉽게 표현된 도표에 고스란히 담겨 있다.

이 책의 편집을 담당한 다이아몬드 출판사의 후지타 유(藤田 悠) 씨는 편집자의 역할을 넘어 저자팀의 일원으로서 지대한 공헌을 했다. 어떻게 하면 우리의 분석과 고찰을 이해하기 쉽게 전달할지 고민하고 또 고민한 흔적이 이 책 곳곳에 역력하다.

이중 어느 한 사람이라도 없었다면 이 책은 세상에 나오지 못했을 것이다. 하나같이 노력을 아끼지 않고 기탄없이 의견을 주고받은 덕분에 네 사람 몫 이상의 지혜를 얻을 수 있었다. 그런 의미에서 이 책은 저자팀이 발휘한 '종합력'의 산물이며 그러한 창조의 기회를 얻은 것은 내게 실로 큰 행운이었다.

또 조사 프로젝트에서 고바야시 씨와 함께 복잡한 데이터를 분석해준 조력자가 퍼솔종합연구소 연구원 아오야마 아카네(青山 茜) 씨다. 통계 프로그램을 만지는 것이 취미라는 그녀 이상의 적임자가 또 있을까 싶다.

이 책에 나온 커리어 관련 내용은 라이프커리어리서치의 기타가와 가즈미(北川 佳寿美) 대표의 조언에 바탕을 두고 있다. 오랫동안 미들 & 시니어기 회사원을 상담해온 그녀의 귀중한 경험이 이 책을 집필하는 데 큰 도움이 됐다.

전체 프로젝트의 책임자는 퍼솔종합연구소 취체역부사장 사쿠라이 이사오(櫻井 功) 씨다. 그는 내가 몸담았던 회사의 선배로 예전부터 그 번뜩이는 아이디어에 경외심을 느꼈다. 이번 프로젝트 또한 그의 뛰어난 구상력 덕분에 실현할 수 있었다. 또 이 프로젝트의 주관자인 퍼솔종합연구소 대표취체역사장 시부야 가즈히사(渋谷 和久) 씨에게도 소중한 기회를 주신 데 감사드린다.

산학 연계로 진행된 이번 프로젝트는 아사히카세이일렉트로닉스 주식회사, 파이오니아 주식회사의 협력 덕분에 열매를 맺을 수 있었다. 양사 관계자에게 진심으로 감사드린다.

특히 아사히카세이의 미하시 아키히로(三橋 明弘) 씨와 다카하시 아키(高橋 亜紀) 씨, 파이오니아의 이와시타 준(岩下 淳) 씨와 사이토 스스무(齋藤 進) 씨는 프로젝트 연구회에서 지원을 아끼지 않았다. 미하시 씨는 오래전부터 나와 술잔을 기울이며 기업의 커리어 개발에 관해 의견을 나누던 동료다. 사이토 씨는 나이를 의식하지 않고 다양한 월경적 학습을 실천하고 있는데 최근 사회인대학원에 진학했다고 한다.

또 항상 신선한 자극을 안겨주는 우리 학생들에게도 감사의 뜻을 전하고 싶다. 특히 2017년 연구회 합숙에서는 기후 현 나카쓰가와 시에 위치한 가토제작소를 방문해 60세 이상 고령자를 신규 채용하는 시스템을 자세히 살펴볼 수 있었다(인터넷에서 '정년은 또 다른 신규졸업(定年はもうひとつの新卒)'이라고 검색하면 60세 이후에 신규채용된 고령의 직원들이 항공기 부품 등 고도의 기술을 요하는 제조공정에서 활약하고 있는 가토제작소의 독특한 채용 시스템을 확인할 수 있다. [41]

가토제작소를 견학한 후 나이와 상관없이 사람은 얼마든지 새로운 일에 도전할 수 있고 성장할 수 있다는 사실을 다시 한번 확인했다. 특히 나카스 시를 중심으로 시니어 고용에 관해 연구하며 가토제작소를 소개해준 기시다 야스노리(岸田 泰則) 군에게 고마움을 전한다.

인재 육성 연구자로서 나는 인간의 무한한 성장 가능성을 믿는다. 실제로 최근 연구 결과에 따르면 고령기에도 지적 능력과 신체

능력을 유지하는 사람이 많으며 조건에 따라서는 그 능력이 향상되기도 한다. [42]

이제는 '고령기 = 노쇠에 대처하는 시기'라는 사고방식을 바꿔야할 때다. 이는 미들 & 시니어기에도 그대로 적용된다. "나는 더는 성장할 수 없다……". 이런 생각이 당신을 엉뚱한 길로 안내한다.

높은 성과와 밝은 미래는 실력이나 노력만으로 얻어지는 것이 아니다. 좋은 운이 따르고 좋은 사람을 만나는 따위의 '미미한 차이'가 작지 않은 영향을 미친다. 이에 따라 '상승기류'에 올라탈 수도 있고 '안개'와 '골짜기'에 갇혀 조난자가 될 수도 있다.

'나이가 들면 성장하기 어렵다'는 고정관념에 사로잡히면 '미미한 차이'는 '좁힐 수 없는 격차'로 발전한다. 그릇된 고정관념 때문에 남은 회사원 인생을 암울하게 보내는 것은 너무도 안타까운 일이다.

이번 조사에서도 약진하는 사람과 그렇지 못한 사람의 행동을 수치로 비교했을 때 그 차이가 결코 크지 않았다. 약진으로 이어지는 행동은 의외로 어렵지 않다. "나는 앞으로도 얼마든지 더 성장할 수 있다!"라는 희망을 품고 미래를 내다본다면 '자주력'을 회복할 수 있다.

이 책이 당신의 자주력을 회복하는 계기가 된다면 프로젝트 멤버 전원에게 더없는 기쁨이 될 것이다.

끝으로 나는 우리 집 식탁에 앉아 글을 쓸 때가 많은데 이번에도 예외는 아니었다. 집 안에서 들려오는 정겨운 생활 소음이 내 집중력을 높이는 것 같다. 식탁을 독차지하도록 허락해준 가족에게 고마움을 전하고 싶다.

호세이대학 대학원 시즈오카위성캠퍼스로 향하는 신칸센에서

이시야마 노부타카

◎조사개요

이 책의 데이터는 주석이 있는 것을 제외하고 '본조사'와 '보충조사'에 의거하고 있다.

목적	미들 & 시니어 회사원의 근무방식에 대한 의식과 실태를 밝힘으로써 이상적인 미들 & 시니어의 약진과 그에 대한 힌트를 모색한다.
방법	인터넷 조사
표본수	합계 4,732명 ● 본조사: 3,200명 (본조사) 40~69세 정규직(60대는 '정년 후 재고용' 포함) − 2,000명 / 50세 이상 포스트오프 경험자 − 300명 ※[공통조건] 기업규모 종업원 300명 이상 (보충조사) 연하상사 − 300명 / 연상부하 − 300명 / 60대 정년 후 재고용자 − 300명 ● 예비조사 : 1,532명 일본 국내 제조업 A사 − 470명 / 일본 국내 제조업 B사 − 1,062명
일정	본조사: 2017년 5월 / 보충조사: 2017년 11월
조사주체	주식회사 퍼솔종합연구소 / 호세이대학 이시야마 연구실

◎척도

조사에 이용한 질문표 중 다음 질문항목에서 선행연구의 결과를 참조, 인용했다.

[성취감, 보람 등 일에 대한 의식, 직장 동료와의 관계] JILPT. (2003). 組織の診断と活性化のための基盤尺度の研究開発—HRMチェックリスト.

[상사와의 관계(LMX 척도)] 松浦桂, 野村忍. (2009). Multidimensional Measure of

Leader-Member Exchange 日本語版の作成および信頼性・妥当性の検討. 日本心理学会第73会大会.

[커리어 가능성 인지] 山本寛. (2006). 昇進の研究(新訂版)―キャリア・プラトー現象の観点から. 創成社.

[빅파이브(특성 5인자)] 小塩真司, 阿部晋吾, カトローニ・ピノ. (2012). 日本語版 Ten Item Personality Inventory (TIPI-J) 作成の試み. パーソナリティ研究, 21(1), 40-52.

[업무 퍼포먼스] Williams, L. J., & Anderson, S. E. (1991). Job Satisfaction and Organizational Commitment as Predictors of Organizational Citizenship and In-Role Behaviors. Journal of Management, 17(3), 601-617.

[입지감] 中村准子, 岡田昌毅. (2016). 企業で働く人の職業生活における心理的居場所感に関する研究. 産業・組織心理学研究, 30(1), 45-58.

[경험학습] 木村充. (2012). 職場における業務能力の向上に資する経験学習のプロセスとは―経験学習モデルに関する実証的研究. 中原淳[編]. 職場学習の探求. 生産性出版.

◎샘플 속성

표본 속성(본조사)

업종별

농업, 임업, 어업, 광업	0.2%
건설업	7.3%
제조업	34.6%
전기·가스·열공급·수도업	2.6%
정보통신업	8.7%
운수업, 우편업	7.3%
도매업, 소매업	8.3%
금융업, 보험업	7.5%
부동산업, 물품임대업	2.0%
학술연구, 전문·기술서비스업	0.8%
숙박업, 음식서비스업	1.3%
생활 관련 서비스업, 오락업	1.1%
교육, 학습지원업	1.3%
의료, 복지	2.2%
기타 서비스업	11.2%
상기 이외의 업종	3.8%

직종별

경영기획·사업기획	6.3%
홍보, IR	0.4%
경리, 재무	3.7%
총무	7.1%
법무	1.4%
인사	2.0%
정보시스템	7.2%
연구	4.0%
설계	5.9%
품질보증	3.1%
기술지원, 서비스	4.7%
제조, 생산	5.9%
생산기술, 생산관리	4.3%
자재 및 구매 관리	1.6%
영업, 판매	19.7%
마케팅	1.9%
크리에이티브, 제작	0.8%
수송, 물류	2.9%
기타	17.1%

직책별

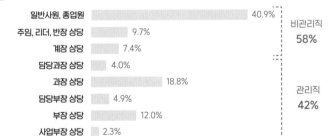

일반사원, 종업원	40.9%	
주임, 리더, 반장 상당	9.7%	비관리직 58%
계장 상당	7.4%	
담당과장 상당	4.0%	
과장 상당	18.8%	관리직 42%
담당부장 상당	4.9%	
부장 상당	12.0%	
사업부장 상당	2.3%	

01 一般社団法人プロフェッショナル&パラレルキャリア・フリーランス協会. (2018). フリーランス白書2018. [https://blog.freelance-jp.org/survey2018/].

02 パーソル総合研究所・中央大学. (2018). 労働市場の未来推計2030. [https://rc.persol-group.co.jp/news/files/future_population_2030_2.pdf].

03 Wanous, J. p.(1992). *organizational Entry: Recruitment, Selection, Orientation, and Socialization of Newcomers.* Prentice-Hall.

04 Phillips, J. M. (1998). Effects of Realistic Job Previews on Multiple Organizational Outcomes: A Meta-analysis. *Academy of Management Journal,* 41(6), 673-690.

05 藤本雅彦. (2018). 若手社員を一人前に育てる―「スタンス」と「スコープ」が人を変える!. 産業能率大学出版部

06 미들 & 시니어의 업무 퍼포먼스를 측정하는 항목으로는 '①맡은 역할을 다하고 있다', '②담당업무에 대한 책임을 다하고 있다', '③업무에서 퍼포먼스를 발휘하고 있다', '④회사가 요구하는 업무의 성과를 내고 있다', '⑤업무 평가에 직접 영향을 주는 활동에 관여하고 있다'를 채용해 '해당한다' ~ '해당하지 않는다'의 5단계로 측정했다. Williams, L. J., & Anderson, S. E. (1991). Job Satisfaction and Organizational Commitment as Predictors of Organizational Citizenship and In-Role Behaviors. *Journal of Management,* 17(3), 601-617. 에 사용된 IRB(In-Role Behavior) 척도 가운데 역전 항목 2개를 제외한 5개 항목을 채용.

07 Chao, G. T. (1988). The Socialization Process: Building Newcomer Commitment. *Career Growth and Human Resource Strategies,* 31-47.

08 山本寛. (2001). 昇進の研究. 創成社. /加藤一郎・鈴木竜太. (2007). 30代ホワイトカラーのキャリア・マネジメントに関する実証研究―ミスト=ドリフト・マトリクスの視点から' 経営行動科学. 20(3), 301-316.

09 山本寛. (2016). 働く人のキャリアの停滞―伸び悩みから飛躍へのステップ. 創成社.

10 パーソル総合研究所. (2018). 働く1万人の就業・成長定点調査.

11 Wrzesniewski, A., & Dutton, J. E. (2001). Crafting a Job: Revisioning Employees as Active Crafters of Their Work. *Academy of Management Review*, 26(2), 179-201.

12 田中聡・中原淳. (2018). 「事業を創る人」の大研究. クロスメディア・パブリッシング

13 White, M. (1986). Negative Explanation, Restraint, and Double Description: A Template for Family Therapy. *Family Process*, 25(2), 169-184.

14 Hoffman, R., Casnocha, B., & Yeh, C. (2014). *The Alliance: Managing Talent in the Networked Age*. Harvard Business Press. (邦訳: 篠田真貴子[監訳]・倉田幸信[訳]. ALLIANCE アライアンス—人と企業が信頼で結ばれる新しい雇用. ダイヤモンド社)

15 Savickas, M. (2011). *Career Counseling*. American Psychological Association. (邦訳: マーク・サビカス[著]・日本キャリア開発研究センター[監訳]・乙須敏紀[訳]. キャリア・カウンセリング理論. 福村出版)

16 PwC. (2015). *The Female Millennial: A New Era of Talent*. [https://www.pwc.com/jp/en/japan-news/2015/assets/pdf/female-millennial-a-new-era-of-talent150311.pdf].

17 パーソル総合研究所. (2018). 働く1万人の就業・成長定点調査.

18 Kelley, R. E. (1988). In Praise of Followers, *Harvard Business Review*, 66(6), 142-148.

19 梅本龍夫. (2015). 日本スターバックス物語—はじめて明かされる個性派集団の挑戦. 早川書房;梅本龍夫. (2015). スタバ、以心伝心で店舗現場の問題解決! 目を輝かせ助け合う店員たちの奇跡. *Business Journal*. [https://biz-journal.jp/2015/08/post_10956.html]; 梅本龍夫. (2015). 日本スターバックス成功の舞台裏(FBAA 第20回セミナー). *FamiBiz*. [http://famibiz.jp/wp/632/].

20 P. ハーシィ / D. E. ジョンソン / K. H. ブランチャード[著]・山本成二/山本あづさ[訳]. (2000). 入門から応用へ行動科学の展開【新版】—人的資源の活用. 生産性出版.

21 Burns, J. M. (1978). *Leadership*. HarperCollins.

22 Northouse, P. G. (2016). *Leadership: Theory and Practice*. Sage.

23 中村雅子, 岡田昌毅. (2016). 企業で働く人の職業生活における心理的居場所感に関する研究. 産業・組織心理学研究, 30(1), 45-58.

24 安田雪. (2004). 人脈づくりの科学—「人と人との関係」に隠された力を探る. 日本経済新聞社.

25 Lewis, K. (2004). Knowledge and Performance in Knowledge-worker Teams: A Longitudinal Study of Transactive Memory Systems. *Management Science*, 50(11): 1519-

1533.

26 石山恒貴. (2013). 実践共同体のブローカーによる、企業外の実践の企業内への還流プロセス. 経営行動科学. 26(2), 115-132; 石山恒貴. (2016a). 企業内外の実践 共同体に同時に参加するナレッジ・ブローカー(知識の仲介者)概念の検討. 経営行動科学. 29(1), 17-33.

27 労務行政研究所. (2016). 40代・50代社員の課題と役割に関するアンケート. [https://jinjibu.jp/article/detl/rosei/1725/4/].

28 Edmondson, A. C. (2012). *Teaming: How Organizations Learn, Innovate, and Compete in the Knowledge Economy*. John Wiley & Sons. (邦訳: エイミー・C・エドモンドソン [著]/野津智子[訳]. (2014). チームが機能するとはどういうことか. 英治出版.)

29 エイミー・C・エドモンドソン・前掲書. p.158.

30 エイミー・C・エドモンドソン・前掲書. pp.163-164. [一部、著者改変]

31 Duhigg, C. (2016). What Google Learned from Its Quest to build the Perfect Team. *New York Times*, Feb. 25, 2016. [https://www.nytimes/2016/02/28/magazine/what-googlelearned-from-its-quest-to-build-the-perfect-team.html].

32 エイミー・C・エドモンドソン・前掲書. pp.181-190. [一部、著者改変]

33 石山恒貴・インテリジェンスHITO総合研究所. (2014). 中高年のキャリアと学び直し調査―"人生の正午"40代で取り組むべきこと. [https://rc.persol-group.co.jp/column-report/201410081312.html].

34 石山恒貴. (2018). 越境的学習のメカニズム. 福村出版.

35 Kolb, D. A. (1984). *Experiential Learning: Experience as the Source of Learning and Development*. Prentice-Hall.

36 石山恒貴. (2018). 越境的学習のメカニズム. 福村出版.

37 LIFE SHIFT 홈페이지. [http://www.lifeshiftlab.com/].
OBP아카데미아 홈페이지. [https://obp-ac.osaka/index.html].
공부카페 홈페이지. [https://benkyo-cafe-osaka.com/].

38 石山恒貴. (2018). 副業を含む社外活動とジョブ・クラフティングの関係性―本業に対する人材育成の効果の検討. 日本労働研究雑誌,600691), 82-92.

39 日本経済団体連合会. (2015). 中高齢従業員の活躍推進に関するアンケート調査結果. [http://www.keidanren.or.jp/policy/2016/037_honbun.pdf].

40   厚生労働省. (2017). 平成29年「高年齢者の雇用状況」.

41   石山恒貴. (2018). シニアが変えた「奇跡の町工場」—加藤製作所の働き方改革. ITメディ
      ア. [http://www.itmedia.co.jp/business/articles/1809/21/news017.html].

42   高山緑・小熊祐子. (2015). 老年学から加齢を再考する. NIRA政策レビュー. No. 64.

마흔이 넘으면
쉬워질 줄 알았는데

초판 1쇄 인쇄 2020년 9월 16일
초판 1쇄 발행 2020년 9월 22일

지은이 이시야마 노부타카, 퍼솔종합연구소
옮긴이 김은선
펴낸이 정용수

사업총괄 장충상 본부장 홍서진
편집장 박유진 **책임편집 박유진** 편집 김민기 정보영
디자인 김지혜 영업·마케팅 윤석오
제작 김동명 관리 윤지연

펴낸곳 ㈜예문아카이브
출판등록 2016년 8월 8일 제2016-000240호
주소 서울시 마포구 동교로18길 10 2층(서교동 465-4)
문의전화 02-2038-3372 주문전화 031-955-0550 팩스 031-955-0660
이메일 archive.rights@gmail.com 홈페이지 ymarchive.com
블로그 blog.naver.com/yeamoonsa3 인스타그램 yeamoon.arv

한국어판 출판권 ⓒ ㈜예문아카이브, 2020
ISBN 979-11-6386-053-2 03320

*책값은 뒤표지에 있습니다. 잘못 만들어진 책은 구입하신 곳에서 바꿔드립니다.